PSYCHANALYSE EN RUSSIE

PSYCHANALYSE ET CIVILISATIONS
Collections dirigée par Jean Nadal

Ouvrages parus :

Rêve de corps. Corps de langage par : J. Nadal, M. Pierrakos, M.F. Lecomte-Edmond, A. Ramirez, R. Vintraud, N. Zuili, M. Dabbah.

Oralité et Violence, par K. Nassikas.

Emprise et Liberté, par J. Nadal, N. Rand et M. Torok, R. Major, R. Dadoun, M.F. Lecomte Emond, H. Ramirez.

La pensée et le trauma, par M. Bertrand.

Mot d'esprit, inconscient et événement, par M. Kohn.

La diagonale du suicidaire, par S. Olindo Weber.

Journal d'une anorexie, par K. Nassikas.

Le Soleil aveugle, par C. Sandori.

A paraître :

Freud et le sonore, par E. Lecourt.

Les fantômes de l'âme, par C. Nachin.

La psychanalyse en Hongrie, par E. Brabant.

Utopie créatrice, destin de la pulsion, par M.F. Lecomte-Emond.

Langue arabe, corps et inconscient, collectif dirigé par H. Bendahman.

ISBN : 2-7384-1523-7

Sous la direction de

Michèle BERTRAND

PSYCHANALYSE EN RUSSIE

Editions L'Harmattan
5-7, rue de l'Ecole Polytechnique
75005 PARIS

INTRODUCTION

Michèle Bertrand

Les bouleversements intervenus en dépit des obstacles et des rebondissements, voire du caractère chaotique des transformations engagées, n'ont pas fini de nous surprendre. Tout ce qui se déroule sous le signe de tel ou tel nouvel idéal social, qui anime les espoirs ou les actions politiques, constitue un bouillon de culture où la mémoire et les sources sont centralement impliquées. Nous autres Occidentaux sommes aussi intéressés à ce foisonnement d'idées, de recherches, de remises en question. L'intérêt passionné que portent les Russes, avec un zèle qui parfois nous étonne, à toutes les sources dont ils ont été jusqu'ici privés, ne devrait pas nous conforter dans la quiétude quelque peu condescendante de ceux qui possèdent ce que les autres n'ont pas. Bien au contraire : chaque redécouverte s'accompagne toujours d'un mouvement créateur, et nous sommes sollicités d'y participer.

La psychanalyse fait partie de ces redécouvertes que la crise même de ce que certains désignent par "conscience sociale" amène à ré-interroger. Il y a sans doute des précédents : la rencontre de Tbilissi sera à plusieurs reprises évoquée par les contributeurs de cet ouvrage. Mieux : le public découvrira peut-être avec étonnement qu'un mouvement psychanalytique a perduré en ex-URSS en dépit de la censure et des persécutions : dans quelles conditions, sous quelle forme, on le saura en lisant ce livre. Toujours est-il qu'un grand intérêt se manifeste aujourd'hui pour la psychanalyse et les échanges sont vivement sollicités. Un colloque a récemment eu lieu à Moscou, sous les auspices du Ministère français des Affaires Sociales et de son organe de Recherches, la MIRE (Mission Interministérielle Recherche Expérimentation), du Ministère de la Recherche, et de l'Institut de Philosophie de l'Académie des Sciences de Moscou.

Le plus difficile pour l'heure est de trouver un langage commun, car les conceptualités ne sont pas les mêmes, de part et d'autre. Nous n'entendons pas toujours les mêmes choses sous les mêmes notions. C'est pourquoi il nous a paru utile d'en livrer les prémices. Le 7 juin 1990, se tenait à Paris, à l'École Normale Supérieure, et avec la collaboration active de l'Université de Paris 7, une table ronde sur le thème précisément de la place de la psychanalyse dans la culture russe.

La plupart des travaux sont regroupés dans cet ouvrage, selon les préoccupations majeures qui ont marqué cette rencontre. La première question est en effet de savoir quelle place la psychanalyse a tenu de fait, fût-ce de façon souterraine, dans la culture soviétique et de quelle façon elle a fait résurgence au début des années 1980. Les principales étapes de ce renouveau sont retracées, au plan institutionnel, par le Docteur Léon Chertok. Ce dernier a joué un rôle clé dans le nouage d'échanges franco-soviétiques et son infatigable activité se déployait encore lorsque la mort vint le frapper, l'été dernier. Sa contribution nous est d'autant plus précieuse qu'elle constitue l'une de ses dernières interventions publiques. Nous tenons à lui en rendre hommage. Les précisions apportées par Zorka Domic et Bernard Doray, sur les événements des toutes dernières années, complètent utilement ce panorama.

La place de la psychanalyse peut également se repérer à d'autres critères, notamment à son image dans la presse et la littérature : c'est à reconstruire cette image que s'emploient avec bonheur Maryse Dennes et Alexandre Mikhalevitch ; V. Marinov retrouve pour sa part chez Dostoïevski, un modèle de "horde primitive" qui pourrait bien éclairer certains aspects du système soviétique. C'est l'objet de la seconde partie. Enfin, la redécouverte de la psychanalyse en Russie donne lieu parfois aux croyances les plus surprenantes : aussi une réflexion épistémologique est-elle apparue nécessaire ; elle s'est enrichie des contributions de Jacques Gagey, Sophie de Mijolla et N. Avtonomova, qui forment la troisième partie de cet ouvrage.

Le renouveau de la psychanalyse en Russie est récent ; les changements qui affectent cette société sont si rapides que personne encore n'en peut prévoir les conséquences ou dire la signification : dans de telles circonstances, tout ce qui peut apporter quelque lumière sur les attentes, les espoirs, les angoisses ou les craintes des Russes en acquiert une valeur d'autant plus grande : le mérite de cet ouvrage est de présenter un sujet quasiment inédit. Il répond ainsi à un besoin réel. Les questions que nous nous posons sur nos lointains cousins d'Europe de l'Est sont peut-être l'écho de questions que nous posons sur nous-mêmes.

PREMIERE PARTIE

REPERES HISTORIQUES

Chapitre 1

Un dialogue de trente ans

(Dr Léon Chertok)

Un jour de septembre 1959 à Jesenik, petite station thermale de Moravie, s'ouvrait le "Premier Congrès Tchécoslovaque de Psychiatrie, avec participation internationale". Il réunissait des psychiatres, neurologues, psychothérapeutes appartenant les uns aux pays de l'Est, les autres à l'Ouest, pour employer la terminologie alors courante. Parmi les Occidentaux se trouvaient quelques psychanalystes.

Cette rencontre était la première de son genre. Elle mettait fin à une longue période de "glaciation" pendant laquelle tout contact avait été rompu entre des chercheurs qui n'avaient plus de langue commune. Depuis qu'en 1950, et à l'instigation de Staline, les Académies soviétiques des Sciences et de Médecine s'étaient réunies conjointement pour parler "Sur l'enseignement physiologique de Pavlov", la psychologie avait disparu en tant que science autonome. Toutes les notions psychologiques avaient dû être exprimées en termes de physiologie. Quant à la psychanalyse, à la même date, il n'en était plus question depuis longtemps. On sait que dans les années précédant la Révolution de 1917, les idées de Freud avaient rencontré un large écho en Russie, où ses oeuvres avaient été traduites (ce fut même leur première traduction).

Immédiatement après la Révolution, les nouvelles

autorités ne s'opposèrent pas au développement de la psychanalyse. Pavlov lui-même déclarait trouver un stimulant dans les travaux de Freud. Mais les choses ne devaient pas tarder à changer et, après l'arrivée de Staline au pouvoir, la psychanalyse se trouva dénoncée comme une doctrine idéaliste, réactionnaire, capitaliste. Les oeuvres de Freud ne furent plus vendues en librairie, et ne purent être consultées que dans les bibliothèques.

Les premières séances du congrès de Jesenik se déroulèrent dans un climat assez lourd. Les représentants des pays de l'Est s'exprimaient dans la "langue de bois" dont on avait pris l'habitude. Leurs points de vue faisaient régulièrement référence au pavlovisme et, s'ils évoquaient la psychanalyse, c'était pour réitérer sa condamnation radicale. L'atmosphère changea le deuxième jour à l'occasion d'un "Séminaire informel sur la Psychosomatique", dû à l'initiative du psychanalyste canadien Éric Wittkower et dans lequel je jouai le rôle de modérateur. Je fis de mon mieux pour donner à cette réunion un caractère plus spontané, plus détendu, et sans doute ne réussis-je pas trop mal puisqu'on termina par un échange de toasts sous le signe de la vodka...

Cependant, la révision du stalinisme se poursuivant en ex-URSS, un cours nouveau parut se manifester aussi dans le domaine dont nous parlons. A preuve l'importante "Réunion nationale sur les problèmes philosophiques concernant la physiologie de l'activité nerveuse supérieure et la psychologie", qui se tint à Moscou en 1962. On y revint sur plusieurs propositions qui avaient été avancées à la réunion de 1950. Des critiques furent exprimées à propos du parallélisme mécaniste-psycho-physiologiste d'inspiration pavlovienne. La psychologie fut officiellement réhabilitée, reconnue comme une science à part entière. Cette évolution se confirma au Symposium international de Berlin-Est, en 1964 qui avait pour sujet "la physiologie, la pathologie et la thérapie cortico-viscérale" (le terme psychosomatique était encore banni). J'étais le seul invité français et repris à cette occasion le rôle d'intercesseur privilégié que j'avais inauguré à Jesenik. Je ne savais pas alors que je ne devais plus cesser de le remplir. C'est ainsi que je présidai une "table ronde" où l'on vit se dessiner un clivage parmi les Soviétiques : d'un côté Kurtsin, Directeur de l'Institut de recherches cortico-viscérales, critiqua la psychanalyse, et la psychologie en général, dans la formulation traditionnelle ; de l'autre, des physiologistes réputés, comme Biriukov, Directeur de l'Institut de Médecine Expérimentale de Leningrad et Tchernigovsky, Directeur de l'Institut Pavlov, mirent en cause certaines explications fondées sur le pavlovisme.

Dans les années qui ont suivi, les controverses se sont multipliées en Union Soviétique entre "anti-psychologues" et "psychologues". Les premiers avaient pour chef de file Sniejnievski, tandis que parmi les seconds figuraient notamment Bassine et Cherozia. Tous deux ont publié des livres sur l'inconscient où, même s'il s'accompagne de réserves, un vif hommage est rendu à Freud (Cherozia le compare tantôt à Copernic, tantôt à Descartes). Au début des années 1970, ils forment, avec le psychiatre Tsouladze, le projet d'organiser à Tbilissi un symposium international consacré précisément à l'Inconscient. C'est à la fin de cette décennie, du 1er au 6 octobre 1979, qu'il aura lieu, sous l'égide de l'Académie des Sciences de Géorgie. En qualité de vice-président du Comité scientifique pour la préparation du Symposium, j'avais entrepris d'y associer notre Ministère des Affaires Étrangères. Ce concours ne fut pas accordé, probablement parce que les personnes dont il dépendait ne croyaient pas à la réussite du congrès. Mais je réussis à obtenir la collaboration du Centre de Médecine Psychosomatique Déjerine à Paris. En même temps, j'avais été chargé de prendre contact avec les spécialistes occidentaux qui pouvaient être intéressés par cette rencontre et, éventuellement, y prendre part. La tâche ne fut pas des plus faciles, car un mouvement d'opposition, actif surtout en France, s'était constitué pour empêcher cette participation. Il avertissait du danger que courraient les participants étrangers de cautionner, par leur présence, l'usage répressif de la psychiatrie soviétique, dont on connaissait de nombreux cas. Or, les promoteurs du Symposium étaient étrangers à ces pratiques, dont les tenants firent tout leur possible pour le faire échouer dans le temps qu'on le préparait. Sa réussite ne pouvait donc en réalité qu'aider à conforter la proposition des premiers. Je signale qu'à l'ouverture du Congrès, Anna Freud devait envoyer un télégramme pour lui souhaiter un plein succès.

Une cinquantaine de personnes acceptèrent de venir à Tbilissi. La délégation française était la plus nombreuse. Les psychanalystes qui en faisaient partie étaient en majorité des disciples de Lacan. Certains tentèrent de politiser les débats, saisissant tous les prétextes, même les plus futiles, pour faire des protestations spectaculaires au nom de la "liberté". Ils prenaient en somme Tbilissi pour Vincennes. Attitude irresponsable, largement réprouvée par les autres participants. Les organisateurs soviétiques avaient des raisons particulières de se montrer inquiets, car toute dérive du Symposium ne pouvait que leur attirer des ennuis. Mais rien de pareil ne s'est produit. Tbilissi restera une grande date dans l'histoire du dialogue avec les Soviétiques. Ceux-ci y ont pleinement admis l'existence de l'Inconscient et ouvert la perspective d'une reconnaissance de la psychanalyse.

La publication des actes du Symposium (avec d'autres articles sur les sujets débattus) permit de toucher un large public. J'ai pu mesurer l'importance de cet impact à l'occasion des conférences que j'ai prononcées par la suite à Moscou sur la psychanalyse, la relation et le transfert, l'hystérie (deux à l'Académie des Sciences en 1984 et 1985, une troisième à l'Université en 1984). A chaque fois, j'ai trouvé des auditeurs nombreux, avertis et enthousiastes.

Dès 1981 était née l'idée d'un prolongement au Symposium : d'un "Tbilissi II". A cet effet, et sur l'initiative de Bernard Doray, s'était formé à Paris un "Comité d'évaluation des connaissances sur l'inconscient". Des démarches furent entreprises en vue de trouver des appuis auprès des organismes officiels, en particulier du Ministère des Affaires étrangères. Mais son Service des Relations Culturelles ne se montra pas plus coopératif que pour Tbilissi I.

Cependant, ma vocation d'intercesseur ne fut pas interrompue pour autant et allait trouver à s'employer dans une autre direction. Fin 1984, un projet de Colloque franco-soviétique de Philosophie avait été formé entre le Professeur Smirnov, agissant au nom de l'Académie des Sciences de l'ex-URSS et le Collège International de Philosophie. La Maison des Sciences de l'Homme devait en assurer le déroulement. Mais quand Smirnov, après un an, se retrouva à Paris pour passer à l'organisation pratique, ses interlocuteurs ne se décidèrent pas à le suivre. C'est alors que, ne voulant pas revenir "les mains vides" à Moscou, il s'adressa à moi - nous nous connaissions depuis Tbilissi - pour l'aider à réaliser son projet avec d'autres participants. J'eus alors l'idée de m'adresser à trois philosophes, Yvon Brès, Michel Henry et Isabelle Stengers, qui acceptèrent d'emblée. En accord avec nos interlocuteurs soviétiques, il fut décidé que le colloque porterait sur le thème : "Sciences exactes, sciences humaines, psyché".

En mai 1986, nous partions tous les quatre à Moscou. Il s'agissait de préparer notre prochaine rencontre à Paris. Pendant notre séjour d'une huitaine de jours nous eûmes l'occasion de prendre la parole à l'Académie des Sciences sur les sujets prévus et de nous entretenir avec les futurs participants. C'est du 1er au 4 décembre suivant que, comme prévu, se tint le Colloque à la Maison des Sciences de l'Homme. Tout en se référant encore fréquemment au matérialisme dialectique, les Soviétiques se montrèrent ouverts aux approches différentes des problèmes par les participants français. On discuta notamment de psychanalyse et l'on put entendre un membre de l'Académie des Sciences de l'ex-URSS déclarer : "La psychanalyse est une des sciences en marche vers la connaissance de l'homme".

Cependant, les événements allaient se précipiter. Ce même mois de décembre 1986 voyait la libération de Sakharov. La "perestroïka" avait pris un cours accéléré lorsqu'en août 87 nous nous rendîmes à Moscou pour participer au VIIIe Congrès International de Logique, Méthodologie et Philosophie des Sciences. J'allais y présenter conjointement avec Isabelle Stengers un rapport intitulé : "De Lavoisier à Freud : l'analyse". De même que, disions-nous, pour Lavoisier la chimie moderne devait reposer sur l'isolation des éléments impurs, Freud voulait fonder une psychothérapie scientifique purifiée du complexe des facteurs affectifs qui perturbe les rapports médecin/malade. Le transfert devait permettre de le canaliser et de le contrôler. L'hypnose était rejetée, et l'interprétation de la prise de conscience allait suffire à vaincre les résistances. Mais, en réalité, très souvent elle n'y parvenait pas, comme Freud dut en convenir en 1937. Une part d'affectivité "sauvage" est inéliminable de la relation thérapeutique. L'hypnose reste présente dans la psychanalyse et il faut revenir sur la coupure épistémologique qu'on avait décrétée entre les deux.

La communication que j'ai présentée à Moscou, le 3 octobre 1989, à l'Institut de Philosophie de l'Académie des Sciences, et en association avec Isabelle Stengers, s'intitulait Charcot, Bernheim, Freud et Lacan. Elle retraçait les grandes étapes d'un siècle de psychothérapie, depuis l' "âge d'or" de l'hypnose du temps des célèbres Leçons de la Salpêtrière, suivi d'une longue éclipse après la constitution de la psychanalyse, jusqu'à sa résurgence en France dans les années 80. J'avais moi-même commencé mes travaux sur l'hypnose dès 1949. Je les ai continués à peu près seul pendant des décennies, avant d'être rejoint par des spécialistes de disciplines très diverses voyant dans l'hypnose une réalité susceptible d'éclairer leurs recherches. Nos auditeurs soviétiques ont été ainsi informés des séminaires de caractère transdisciplinaire qui ont lieu depuis 1987 à la Maison des Sciences de l'Homme, ainsi que du Colloque *Autour de l'hypnose* tenu à Cerisy en septembre 89. Je signale la participation à ce colloque d'un philosophe russe, Y. Mouraviov.

Deux jours après, le 5 octobre, et toujours à l'Académie des Sciences, nous revenions, Isabelle Stengers et moi, sur les rapports entre l'hypnose et la psychanalyse. Notre conférence avait pour titre : "L'hypnose, blessure narcissique". A propos de l'échec pratique de la psychanalyse, nous montrions que le refus des psychanalystes à l'admettre s'explique par leur incapacité de supporter la blessure narcissique que leur a infligée l'hypnose.

Par cet aperçu des plus récentes conférences que j'ai faites en Ex-Union Soviétique avec Isabelle Stengers, on se rend compte que j'y parlais de la psychanalyse, sous son aspect thérapeutique, d'une manière critique. Or, dans le même temps, l'interdiction qui avait si longtemps pesé sur les oeuvres de Freud avait été levée, et on avait entrepris de les rééditer pour répondre à la demande pressante du public. Par un phénomène qu'on constate habituellement en pareilles circonstances, l'interdit revenait auréolé d'un éclat que ne venait ternir aucune ombre. On accordait à la psychanalyse un crédit sans limite : témoin, l'article publié dans la *Literatournaia Gazieta* du 1er juin 1988 sous la signature d'A. Belkin, psychiatre. Celui-ci, voulant donner une idée du préjudice que la mise à l'écart de la psychanalyse a causé à son pays, écrit :

> "Non seulement nous avons privé d'aide médicale des centaines de milliers de malades, mais encore diminué l'aptitude au travail créateur de générations entières".

Au yeux de ceux qui partagent cette confiance inconditionnelle, mon image a nécessairement changé. Pendant une trentaine d'années, j'étais apparu comme le porteur de la parole freudienne. On peut alors être déconcerté par la teneur de mes propos actuels. D'autant plus que l'ex-Union Soviétique est maintenant sillonnée par des représentants de la psychanalyse qui, sous forme d'affirmations péremptoires, tiennent un tout autre langage. Disons plutôt que chacun tient le langage du groupe auquel il appartient. Car il y a un immense marché à conquérir et l'enjeu aiguise évidemment la concurrence des deux grandes centrales qui cherchent à établir leur hégémonie à travers le monde. J'entends l'Association psychanalytique Internationale et le Champ freudien. La première peut se targuer d'avoir été fondée par Freud. En revanche, dans un pays où l'exercice de la psychanalyse a été interrompu si longtemps, elle aura du mal à faire appliquer la pratique canonique de la filiation. En tout cas, l'une et l'autre organisations paraissent avoir d'ores et déjà acquis des points d'appui pour assurer leur pénétration. On retiendra la date du 15 février dernier, qui a vu la reconnaissance officielle de la Première association psychanalytique en ex-URSS par le Ministère de l'Intérieur soviétique. Cet organisme ne paraît pas admettre les lacaniens. Comme on dit, affaire à suivre.

Cela dit, il serait vraiment dommage que les Soviétiques épousent les querelles qui divisent les psychanalystes de nos pays et dont on peut mesurer la vanité. On discute à l'infini sur des points mineurs, on s'épuise en arguties, quand les vraies questions ne sont pas affrontées : quelle est, en psychothérapie, la cause du changement, lorsque changement il y a ? Quelle est l'efficacité de la psychanalyse ? A l'heure où cette efficacité est sérieusement mise en doute, ne peut-on envisager de la restaurer par le moyen qu'avait proposé Ferenczi autrefois : en accordant dans l'analyse moins d'importance à l'interprétation, et davantage à l'affectivité, sous la forme, par exemple, de cette relation d'empathie qu'aux États-Unis et en Grande-Bretagne des psychanalystes notoires, comme Kohut, Searles, Winnicott, ont voulu établir avec leurs malades.

De telles questions ont peut-être des chances d'être entendues en ex-Union Soviétique mieux qu'ailleurs. Car c'est un pays où l'hypnose est associée de longue date à la pratique psychothérapique et où elle n'a jamais fait l'objet d'un tabou. Parmi les chercheurs à qui nous avons exposé nos vues, Isabelle Stengers et moi, il en est qui ont du reste bien compris que nous ne voulions nullement porter atteinte à la psychanalyse, mais au contraire l'aider à surmonter la crise qu'elle traverse. Nous nous sommes gardés d'apparaître devant eux comme les détenteurs de la vérité, opposant nos certitudes à celles des autres. En préconisant un retour à l'hypnose, sous la forme d'une alliance avec la psychanalyse, déjà expérimentée aujourd'hui sous le nom d'hypno-analyse, nous invitons les chercheurs soviétiques à s'engager dans une voie certes prometteuse, mais qui demandera une longue exploration. Nous pensons qu'ils pourront y jouer un grand rôle.

Chapitre 2

La psychanalyse en temps de perestroïka

(Zorka Domic)

Toute dictature d'un homme ou d'un
parti débouche sur deux formes essentielles:
le monopole ou le mausolée.
Octavio Paz

En 1979 a eu lieu, à Tbilissi, une rencontre internationale sur "Le problème de l'inconscient" : événement tout à fait singulier dans le contexte de l'époque. La psychanalyse sortait ainsi d'une "sépulture" officielle où elle était assignée depuis les années 1920. Ce fait ne pouvait qu'être étrange et inattendu.

C'est une histoire tragique que celle de la psychanalyse russe, mais je n'ai pas l'intention d'en traiter dans le cadre de cette intervention. Citons simplement deux moments fort différents, qui ont précédé la période noire de l'anéantissement survenu dans les années 1920.

Le premier se situe avant la révolution : dès 1909, Freud est largement traduit et édité en Russie. Il se plaisait, semble-t-il, à le signaler : la Russie était le pays où on le lisait le plus. Par ailleurs, à bien des égards, l'évolution de la psychanalyse russe ne se distinguait guère de celle de la psychanalyse dans d'autres pays européens.

La seconde période commence avec la Révolution. La psychanalyse, semble-t-il, n'a nulle part été aussi présente dans des projets de transformation socio-politique de cette envergure. Les psychanalystes, séduits par les bolcheviques de la première heure, s'inscrivent dans ce mouvement et y trouvent leur place, tant dans les hautes sphères dirigeantes, que dans le bouillonnement culturel et scientifique de la société. Certains bolcheviques (notamment Trotsky) comptaient beaucoup, semble-t-il, sur la psychanalyse pour "créer l'homme nouveau" dans la société en construction.

Il n'est pas nécessaire de rappeler ce que l'utopie bolchevique est très rapidement devenue.

Sous réserve d'une analyse plus approfondie, on peut spéculer que, dans le modèle stalinien du projet totalitaire, la psychanalyse devait être détruite, comme cela fut le cas pour toute pensée tendant à une autonomisation de l'individu. Mais à supposer qu'en ait triomphé la forme trotskiste, il y aurait eu de fortes chances pour que le père de la psychanalyse ait connu un destin semblable à celui de Pavlov dont on fit un "camarade" matérialiste et athée. La psychanalyse, sous une forme "ourodlivoïa" (monstrueuse et pervertie), serait alors devenue un support de l'idéologie dominante. J'espère que nous n'aurons pas à attendre longtemps pour connaître les études des chercheurs soviétiques sur ce sujet (notamment A. Etkind, avec qui nous avons échangé des réflexions sur les origines et le devenir de la psychanalyse en ex-URSS).

Mais revenons à la "Rencontre internationale sur les problèmes de l'inconscient", que j'aimerais situer comme le point de départ d'un dialogue franco-soviétique sur la psychanalyse. Le terme de “dialogue” peut paraître déplacé, et même provocateur, surtout pour les Français et les Soviétiques qui ont participé à l’événement. En effet, s’il y a un point qui fait l’unanimité entre Soviétiques et Français, c’est précisément le fait qu’un véritable dialogue y fut impossible. C’est bien de la difficulté de l’échange autour du sujet traité que je parle : l’approche de l’inconscient y est apparue parfois étrange, incompréhensible, inconnue. De plus, le contexte socio-politique de l’époque avait largement contribué à créer une série de malentendus qui sont restés dans les mémoires.

On peut faire toutes sortes de supputations sur les objectifs réels qui motivèrent une telle rencontre et sur la dimension de manipulation que dénoncèrent nombre de participants français. Une seule chose me paraît claire : c’est que l’importance de cet événement ne pouvait pas être mesurée à la même aune par les uns et les autres.

L’organisation suivait évidemment les mécanismes officiels existants et le cadre devait être soigneusement défini et respecté par ceux à qui on confiait la préparation et le déroulement de la rencontre. Finalement celle-ci eut lieu, malgré les énormes difficultés qu’eu à surmonter le petit groupe organisateur : le Professeur Ph. Bassine, le Professeur A. Sherozia, MM. Prangishvili, L. Chertok (France). Mes amies I. Smirnov et N. Avtanomova m’ont mieux fait comprendre quel était l’enjeu, d’un point de vue purement scientifique. Pour les Soviétiques, se réunir pour la première fois autour d’un sujet pareil avec des spécialistes occidentaux était une occasion extraordinaire. Ils ne pouvaient pas se permettre un échec.

Mesurons pourtant la différence des réalités qu’il s’agissait de faire se “rencontrer” ; le seul fait que l’on puisse acheter à l’avance, et sans aucune difficulté, les trois énormes tomes de travaux de la rencontre était une sorte de miracle : une “lecture sainte” pour reprendre l’expression d'un participant. On admettra qu'en France, il serait plutôt étonnant que l'achat d'un livre provoque une telle ferveur !

Comme le rappelait le Docteur Chertok, avant les changements survenus avec Gorbatchev, de tels échanges demandaient un certain stoïcisme et beaucoup d'investissement. Peu nombreux étaient ceux qui persévéraient dans cette tâche.

Chacun a pour cela ses positions et ses raisons personnelles. En ce qui me concerne, j'ai fait un long séjour à Moscou (8 ans), pour mes études de médecine. Pendant cette période, mes relations avec les autorités soviétiques se sont détériorées à tel point que je ne fus plus autorisée à me rendre en ex-URSS, tant pour des visites professionnelles que privées. En fait, cela ne provoqua pas vraiment de rupture dans mon cercle de relations amicales et professionnelles. Mais le désir de retourner dans le pays de ma jeunesse est apparu avec les changements de la perestroïka. C'est ainsi que, ces dernières années, j'ai fait quelques séjours à caractère exploratoire visant à mettre en place des échanges professionnels dans le domaine des sciences sociales.

Du côté français, la MSH, la MIRE et la FPH (1) (dans la phase initiale) sont les organismes qui sont engagés dans le développement de ces activités. Du côté soviétique il s'agit surtout de l'Institut de Philosophie de Moscou (les liens sont anciens, notamment, entre cette institution et la MSH). Mais de nouvelles perspectives de travail s'établissent aussi avec l'institut de Philosophie de Moscou, l'Association des Psychologues Praticiens, l'Association Indépendante de Psychiatrie, etc....

J'aimerais partager avec vous quelques réflexions

---

(1) Maison des Sciences de l'Homme ; Mission Recherche Expérimentation du Ministère des Affaires sociales; Fondation pour le Progrès de l'Homme.

personnelles concernant les particularités de ces échanges, de ces débats, et des possibilités éventuelles de recherches conjointes.

Prenons donc l'exemple de la psychanalyse :

- En France, il existe comme on sait une tradition de la pratique, de la formation, de l'enseignement, qui représente différentes tendances, écoles et chapelles. Mais le fait le plus important pour ce qui nous occupe est certainement la dimension culturelle de la reconnaissance confirmée de la psychanalyse.

- En URSS, à l'époque de la rencontre de Tbilissi (il y a moins de 15 ans !) personne n'aurait osé se présenter comme "psychanalyste", alors que nous savons bien qu'il existait déjà une certaine pratique souterraine. C'est seulement il y a un peu plus d'un an qu'a été créée la Section Psychanalytique de l'Association des Psychologues Praticiens, qui officialisait pour la première fois, et conformément à l'esprit de la "Glasnost", l'existence de la psychanalyse.

C'est avec une véritable joie que j'ai rencontré ces jeunes, psychologues pour la plupart, qui exercent une pratique psychanalytique : à travers la renaissance d'une école russe contemporaine, ce sont les premiers pas d'une nouvelle école psychanalytique européenne, dont nous sommes témoins.

Le pays est immense. Je ne parle que de ce que j'ai trouvé dans cette énorme ville qu'est Moscou, où il existe un petit groupe de gens qui ont fait une psychanalyse personnelle, parallèlement à une formation théorique en petits séminaires. Une supervision s'ensuivait le moment venu. Un peu plus tard, les mêmes vont assurer la formation de nouveaux candidats-psychanalystes, qui, à leur tour, vont travailler comme tels. A l'origine de cette spirale qui commence dans les années 1970, se trouve un autodidacte qui mériterait d'être mieux connu. Personnage passionnant qui a accepté très volontiers de nous parler de son parcours solitaire dans la psychanalyse, il se nomme Boris Kravtsov. Psychologue de formation, il travaille dans un institut de Psychiatrie de Moscou, où il retrouve les oeuvres de Freud en allemand, censées être oubliées à jamais dans les caves de l'asile. Il est séduit par les écrits freudiens, et en devient un lecteur attentif dans l'espoir d'entreprendre ultérieurement une psychanalyse personnelle. Finalement, n'ayant pas trouvé le psychanalyste de son choix, il opte pour une auto-analyse. Plus tard, " à ses risques et périls", selon son expression, il commence à mener des cures, en se souciant avant tout "d'éviter de nuire, avant même de prétendre apporter un soulagement".

Je reste souvent sceptique quant à la capacité que nous avons en Occident de saisir avec plus ou moins d'empathie une réalité qui nous est étrange. Mais si nous faisons un effort, nous pouvons prendre la mesure des difficultés d'une telle aventure dans un milieu où la psychanalyse ne représente pas une éventuelle méthode psychothérapique à proposer. Boris Kravtsov et ses amis se trouvaient donc dans la situation d'introduire une méthodologie à la fois reniée officiellement et extrêmement méconnue.

Prenons par exemple la manière selon laquelle la demande est généralement formulée à un psychologue. On va le voir pour lui demander des conseils et il devra donc donner une réponse attendue pour résoudre les symptômes. En général, le patient trouve très exactement ce qu'il vient chercher (ne serait-ce pas là, d'ailleurs, une des raisons de la place considérable qu'occupe l'hypnose dans la psychothérapie ?)

L'éducation de l'enfant, très chargée d'idéologie, avait pris tout l'espace nécessaire à la spontanéité et à l'initiative individuelle.

D'après Kravtsov et ses collaborateurs, ce fait apparaît avec tout son poids, dans la préparation à un éventuel travail d'orientation psychanalytique. Par ailleurs, l'introduction de l'argent pour ce type de travail, le nombre et la régularité des séances, et la durée de la cure constituent des contraintes lourdes dans le contexte soviétique. Cette initiation au travail psychanalytique a débuté par une pratique dans laquelle la rémunération n'avait qu'une valeur "symbolique". Certains se sont aventurés dans des séances d'une durée de plusieurs heures (6 et même 12 heures !). De nos jours ceux qui associent au travail analytique d'autres méthodes, telles que la relaxation, les tests projectifs, le yoga, l'hypnose, etc., ne sont pas des exceptions.

"Ce n'est donc pas de la psychanalyse dont il s'agit", entend-on dire, vraisemblablement à juste titre. Ils ne sont ni "freudiens", ni "lacaniens", ni même "kravtsoviens" : que deviendront-ils donc ? La question est posée. Pour ce qui les concerne, la plupart de ceux à qui j'ai posé la question se définissent comme des éclectiques. Et ils rajoutent qu'en ex-URSS, personne ne peut dire aujourd'hui : "je suis psychanalyste" au strict sens du terme.

Les transformations des dernières années ont favorisé des formes de pratiques qu'en employant leurs propres termes, on désignera comme des pratiques "sauvages" de la psychanalyse. La popularisation actuelle de ces sortes de pratiques les amène à croire, avec une certaine satisfaction et un soulagement qu'on n'a pas de peine à comprendre, que cette évolution favorisera en fin de compte une diversité salutaire, qui éloignera à jamais le spectre de la tragédie du passé.

A chacun sa façon de ménager ses angoisses. Pour ma part, je me sens mieux quand je les entend dire : "Il n'est plus question pour nous de modèle unique", que lorsqu'ils me demandent : "Quelle est la vraie école ?", "Qui est le maître ?"

Mais ils nous demandent aussi ce que nous allons chercher chez eux, puisqu'ils ont un retard d'un demi-siècle ?.

Dans l'univers intime des motivations connues et inconnues, chacun de nous pourrait donner sa réponse. Mais s'il s'agit du pourquoi de mon intérêt professionnel, de ma place particulière d'observatrice, d'intermédiaire et de participante dans les échanges de ces dernières années, je répondrai ceci : il n'est pas question, bien sûr, de nier l'évident retard de cette psychanalyse sur l'occidentale. Mais à s'en tenir à cette notion de retard, on risque de conforter une vision aussi gratifiante que simplificatrice : leur retard et leurs difficultés font de nous une "avant-garde" riche et organisée : pour tout dire, un modèle à consommer comme tel. Cela procède, bien sûr, d'une conception de l'universalité qui serait réduite à la reproduction utopique d'une même forme. C'est une conception plutôt confortable et conformiste, parce qu'elle fait l'économie d'un choc culturel, qui, si au contraire on l'accepte, provoque notre disponibilité à de véritables échanges.

Ces échanges, je puis bien le dire, sont difficiles. Mais c'est une expérience stimulante, car elle nous apporte en retour des points de vue souvent inattendus, qui viennent interpeller nos propres cadres conceptuels, nos routines, et qui mettent à découvert certaines de nos aliénations.

Une certaine souplesse, donc, me paraît nécessaire pour approcher nos différences, qui nous guident finalement vers une tout autre conception, plus authentique celle-là, de l'universalité de la nature humaine.

Chapitre 3

"Deux ou trois choses..."

(Bernard Doray)

J'interviendrai à partir de ma toute relative compétence sur ce qui nous réunit. Pour être plus précis : d'une part, à partir d'une connaissance non érudite de l'histoire de la psychanalyse russe et soviétique, et d'autre part, à partir d'une idée que j'ai pu me faire de la situation actuelle, par d'assez nombreuses rencontres moscovites, notamment à l'occasion de la mise en place d'un programme de conférences autour de la psychanalyse.

Je voudrais d'ailleurs vous dire, à ce propos, quelques mots du protocole d'accord qui vient d'être signé entre la MIRE et l'Institut de Philosophie de l'Académie des Sciences de l'ex-URSS (1) . Il prévoit *"le développement d'un programme des sciences de l'homme et de la société à la compréhension des problèmes de notre temps"*. Ce protocole envisage l'invitation par le pays d'accueil de ces conférences, d'un nombre raisonnable d'intervenants (20 à 30), mais aussi l'accueil de participants qui souhaiteraient faire le voyage à titre personnel. Nous avons ainsi indiqué à nos interlocuteurs soviétiques qu'ils devraient peut-être bien s'attendre à voir arriver une centaine de Français lors de la première rencontre prévue en mars-avril 1992 à Moscou, sur le thème (point trop restrictif, là non plus) : *"Psychanalyse,*

---

(1) Ce protocole d'accord a été signé à Paris le 14 mai 1990, par L. Brams, Chef de la MIRE, et par V.S. Stiopine, Directeur de l'Institut de Philosophie et vice-président du Centre des Sciences de l'Homme.

Sciences sociales".

Je ferai d'abord part d'un sentiment : certes, et comme cela a déjà été souligné, il faut prendre la mesure des difficultés du dialogue franco-soviétique à propos de la psychanalyse : nous partons de très loin. Mais d'un autre côté, le poids du passé sur la situation présente ne doit pas nous masquer le caractère tout à fait exceptionnel, tout à fait unique, de ce qui se passe actuellement.

Cela me fait penser à ce que dit Natacha Avtonomova à propos de "l'histoire propre". Si je l'ai bien comprise, elle nous dit que l'histoire propre se constitue dans un chiasme, entre deux temps, deux histoires : une histoire passée, dont il ne reste que des débris psychiques, dans la mémoire, mais aussi dans toutes sortes de formes matérielles qui les cristallisent (mémoriaux, traces écrites, récits familiaux, images fixées dans la gélatine de supports photographiques, etc....), et une histoire imaginaire, dont l'une des caractéristiques est qu'elle cuisine ces restes à sa manière : et cette manière est un peu particulière, puisqu'elle se sous-tend, en particulier, de la répudiation de la linéarité diachronique.

Or, il me semble qu'il y a quelque chose d'un peu semblable à ce chiasme, à cette appropriation de l'histoire, qui se passe avec la psychanalyse en ex-URSS aujourd'hui.

D'abord, il y a la forme "dure" de la (re) constitution de l'histoire : par exemple, la mise en circulation des archives de la Société psychanalytique russe ; ce sont des objets pour l'histoire, qui étaient jusque-là "maintenus au secret", si je peux dire. L'affaire est évidemment importante, d'autant que la mémoire orale semble à peu près perdue.

D'autre part, il y a une dimension plus imaginaire de l'histoire de cette psychanalyse - qu'elle soit "plus imaginaire" ne signifie évidemment pas qu'elle soit moins sérieuse et consistante -, et cette dimension prend en particulier la forme d'une sorte de dramaturgie de la renaissance. Je parle de "dramaturgie", parce qu'on sent bien que, pour une part, on est dans le "comme si" ; "comme si" on pouvait abolir la perte, "comme si" il y avait un continuum possible, là où l'histoire a écrit près d'un demi-siècle de blanc (des années 1930 aux années 1970). Et c'est une "dramaturgie de la renaissance" parce que cette perfusion en partie imaginaire du passé dans le présent fait surgir la figure un peu abstraite et intemporelle d'une increvable "psychanalyse russe".

Je précise tout de même que c'est là une vue partielle des choses. Tous les "nouveaux psychanalystes" soviétiques ne se définissent pas de la même manière dans la reprise du passé. Comme on l'a évoqué, il y a par exemple - officiellement depuis l'an passé - une Section de psychanalyse au sein de l'Association des psychologues praticiens. Or le groupe moscovite de cette Section est très particulièrement lié à la créativité personnelle de Boris Kravtsov, qui s'est formé en autodidacte au freudisme dans les années 1970. Il a entrepris des cures et fait école.

Cela dit, la (re)constitution d'une Association psychanalytique russe (via l'Association moscovite créée en mars 1990) est évidemment un événement tout à fait marquant. Cette Association, très soutenue par l'IPA, est présidée par Aron Belkin, qui n'est tout de même pas "neuro-endoctrinologue", comme je l'ai entendu dire par lapsus tout à l'heure, mais qui dirige le Centre de Psychiatrie Endocrinologique de l'Institut de la Recherche Psychiatrique de Moscou.

Dans la préface qu'il a rédigée pour les oeuvres choisies de Freud en russe (90 000 exemplaires [(2)]), Aron Belkin produit une sorte de mythe : il raconte comment la

(2) Sigmund Freud, "Izbranoié", Vniéchtorguizdat, 1989.

psychanalyse, éradiquée de Moscou, survivait souterrainement au fin fond de la Sibérie Orientale, à Irkoutsk, précisément, dans une contrée où l'on imagine volontiers que le temps ne "coule" pas tout à fait de la même manière qu'à Moscou ou Leningrad. Et là, comme on l'a évoqué, Belkin aurait reçu presque fortuitement le témoin freudien, via Igor Soumbaev, lui-même analysé par Karl Abraham.

Voilà donc un destin bien singulier, qui fait d'Aron celui à qui est revenu le mauvais objet de la psychanalyse dans cette terre de relégation, et de Belkin celui dont la biographie est, à elle seule, une sorte de métaphore, de forme contenante réparatrice, susceptible de conjoindre les deux segments de l'histoire de la psychanalyse russe.

Je plaisante un peu, et j'ai peut-être tort, parce qu'il est bien évident que cette fonction "métaphorique" est une fonction utile : peut-être que dans une période comme celle-là, il faut bien que quelqu'un "s'y colle", en quelque sorte. Mais cette fonction utile ne va pas sans des effets de figuration, et, en l'occurrence, la constitution d'un édifice idéologique à la fois impressionnant et fragile :

- impressionnant, parce que l'Association psychanalytique russe concentre en un même point la filiation mythique, la propriété des traces (des archives), et la reconnaissance institutionnelle et politique, ce qui fait tout de même beaucoup pour une association qui n'a pas trois mois d'existence ;

- et fragile, peut-être pour la même raison, parce que lorsque le passé se "précipite" ainsi (au sens temporel, mais aussi chimique, en quelque sorte), lorsque le passé se précipite ainsi dans le présent en un point unique de figuration, il y a évidemment le risque de créer là de l'opacité idéologique. Il "ne faut pas trop se précipiter", en somme, parce qu'on risquerait alors de trop "prêter" aux figures qui supportent cette re-présentation.

Je vois par exemple les effets de ce risque dans la substitution d'un langage plutôt prophétique à celui qui permettrait mieux une confrontation critique des points de vue. Par exemple, dans sa préface déjà citée aux "Oeuvres choisies" de Freud, A. Belkin raconte un petit épisode de sa vie : plus exactement sa rencontre avec un homme qui a été son camarade d'école, qu'il avait perdu de vue, mais dont il garde le souvenir de la trahison vis-à-vis de son père, lorsque les forces de répression avaient emmené celui-ci. L'enfant participait à l'aliénation générale dans le culte du leader imposteur, jusqu'à perdre l'amour pour son père "naturel". Bien entendu, l'adulte qu'il est devenu est un homme cassé, alcoolique. A cette histoire édifiante, Belkin arrime un point de vue théorique, qui mériterait pour le moins qu'on le réinterroge, sur le caractère factice de ce qu'il appelle "l'Oedipe social" (lorsque le leader, en l'occurrence, prend la place du "*père biologique*"), qu'il oppose à la "*voie naturelle de l'identification*".

Je ne cite pas cet exemple piquant pour engager vraiment une discussion sur le contenu de cette proposition théorique générale : le temps n'est peut-être pas encore tout à fait venu pour cela. Mais je vois dans la forme prophétique de cette thèse l'indice d'une question non négligeable pour la psychanalyse soviétique renaissante. On pourrait la résumer en disant qu'il s'agit de savoir comment, dans ce moment de ré-appropriation de sa propre histoire, elle va savoir négocier entre le mouvement vivant qui la porte en avant, et le tribut à payer à la constitution de nouveaux points de souveraineté qui risquent probablement de figer la forme de ce qu'ils re-présentent. A ce propos, je dois dire que je partage le point de vue qu'a exprimé Léon Chertok sur le risque d'une véritable fétichisation de la psychanalyse, autrefois dénigrée et aujourd'hui parée de toutes les vertus, alors même que, comme pratique, elle reste quelque chose d'extrêmement marginal en URSS.

Dans cette situation, et je terminerai par là, j'ajouterai qu'à mon avis, la communauté philosophique a un rôle particulièrement utile à jouer : pour déjouer ces pièges de la fétichisation doctrinale, mais aussi pour interroger la place de la psychanalyse dans le mouvement des idées, dans ses relations avec les sciences sociales, les disciplines scientifiques constituées et pour interroger la manière dont elle peut effectivement éclairer certains problèmes de la société soviétique.

DEUXIEME PARTIE

IMAGES DE LA PSYCHANALYSE

Fantasmes du politique

Chapitre 1

Une renaissance laborieuse : mutation dans le discours post-stalinien consacré à la psychanalyse

(Alexandre Mikhalevitch)

En France, en R.F.A., le freudisme soviétique des années 20 a été remis en mémoire dans le sillage de mai 68. Et grâce au juste succès de *Éros et Civilisation* de Herbert Marcuse.

En publiant des textes de Véra Schmidt en 1979, J.M. Brohm rendit hommage à celle qui avait su donner chair au projet d'une sublimation non répressive ; la création à Moscou en 1921 d'un jardin d'enfants expérimental était en effet une tentative d'éduquer en tenant compte de la vérité du corps et du contre-transfert des éducateurs.

La même vague ramena au jour les textes que Wilhelm Reich avait consacrés au mouvement psychanalytique soviétique. On fit de l'auteur le martyr du stalinisme et de la psychanalyse bourgeoise. L'espoir de faire renaître le freudo-marxisme du début des années 20 exprimait le désir d'accomplir la synergie des deux principales révolutions - politique et psychologique - du XXe siècle.

Or cette perception mythique de la psychanalyse russo-soviétique magnifie des réalités bien décevantes. A Moscou, Petrograd, Kazan, Odessa, Rostov-sur-le-Don, on s'est intéressé au freudisme, mais on n'a pu supporter ni les rigueurs de la méthode orthodoxe, ni la prise en compte de la sexualité infantile.

Il reste que, dans le contexte de la perestroïka, certains intellectuels s'intéressent à cet épisode de leur histoire culturelle. Sans trop de nostalgie, ni d'illusion. Mais avec le sentiment qu'il faut redonner chance à des virtualités injustement englouties.

Certains spécialistes comme le neurologue Ph. Bassine, la philosophe N. Avtonomova affirment que la science soviétique n'a pas attendu les récentes mutations politiques pour faire place à la problématique de l'inconscient, qu'il n'y a pas eu non plus de martyrs parmi les adeptes soviétiques de la psychanalyse. Mais quel statut faut-il accorder alors à ces millions de malades mentaux qui n'ont pas été secourus parce que les psychothérapie et psychiatrie locales avaient été évidées au profit d'une sorte de neurologie fantôme imposée par l'appareil politique ?

La nouvelle *Association soviétique de psychanalyse* veut donc qu'on rende justice aux pionniers de l'école moscovite. En particulier à Ermakov, critique littéraire, psychologue et animateur de l'*Institut gouvernemental de psychanalyse* qui mourut en 1942 dans la prison des Boutyrki. Des psychologues indépendants groupés en coopérative privée à Leningrad, des psychiatres qui refusent le contrôle de leur association professionnelle officielle travaillent aussi dans la même direction.

On aime aussi rappeler le cas de A.R. Louria. Fondateur du groupe freudien de Kazan puis animateur de la société psychanalytique de Moscou, ce chercheur fut forcé en 1930 de se tourner vers la neurologie et d'abjurer sa première vocation. Mais chez ce grand savant l'intériorisation de l'exigence totalitaire fut si ravageuse qu'il renia ses premiers travaux jusqu'à sa mort. Nécrose mentale partielle qui était le signe d'un véritable meurtre intellectuel accompli par l'anti-psychanalyse stalinienne.

Rappelons à gros traits le processus en question. En 1923, le mouvement psychanalytique soviétique a pu adhérer à l'IPA en dépit des réticences de Jones. Mais, à la fin de la NEP, les staliniens vont lui faire payer cher les appuis qu'il avait trouvés auprès des trotskistes. Les improbables noces du "subjectivisme" freudien et de la psychologie "expérimentale" pratiquée par les disciples de Pavlov sont vite troublées par les sarcasmes d'une critique idéologique dont la seule plume savante était celle de Volochinov (porte-parole ou pseudonyme de Bakhtine) (1) . Alors que les analystes cherchent à donner des gages au pouvoir en éliminant de leur mouvement les éléments les plus orthodoxes, leurs adversaires soulignent avec quelque raison que la synthèse du marxisme et du freudisme est impossible à réaliser.

La mise en place de la mystique du Plan, l'imposition de modèles scientifiques simplificateurs (mécanistes et volontaristes) ne laisse aucune place pour la problématique de la subjectivité. Les écrits psychanalytiques ont cessé d'être publiés depuis 1927, même dans le privé (à compte d'auteur) ; la pratique analytique est devenue impossible (comme toute activité non contrôlée, non suscitée par le Parti-Etat) ; l'association de Moscou se dissout en 1930 sans que le moindre interdit officiel ait eu besoin d'être proféré. Freud entre alors dans le panthéon secret de l'intelligentsia, en compagnie de Dostoievsky, Kafka, Musil, Proust.

---

(1) BAKHTINE M. (V.N. Volochinov) *Écrits sur le Freudisme* (1925-1927) Lausanne, Ed. de l'Age d'Homme, 1980.

Jusqu'en 1940, on reconnaissait le sens clinique de Freud, l'efficacité de l'analyse dans le traitement des névroses. A la fin du stalinisme, la psychanalyse est traitée de nazie ; on l'accuse aussi de justifier l'exploitation capitaliste. On propulse au premier plan des épigones médiocres de Pavlov comme Bykov et Ivan Smolensky. Mais, dès 1957, des chercheurs (le neurologue Bassine, le psychothérapeute Myassichtchev) auront le mérite de dépolitiser le débat autour des thèmes de la psychothérapie, de la psychologie médicale, de l'inconscient (psychique) et de la psychanalyse.

Avec l'appui efficace d'un haut fonctionnaire déguisé en philosophe (Igor Smirnov), le Pr. Bassine saura imposer le réexamen de ce genre de problématique en opérant une désexualisation de la notion d'inconscient. Sa monographie de 1968 consacrée à cette dernière déconsidère les critiques dogmatiques qui réduisaient le freudisme à de la pornographie et soulignaient que le vocable “inconscient” était contradictoire dans son terme même (2). Les partisans actuels de la psychanalyse en ex-URSS ont tendance à affirmer que le tour de magie bassinien consistant à transformer le concept freudien d'inconscient en celui (aseptisé, déconflictualisé, désexualisé) d'attitude est le pire des coups portés à la pensée freudienne ; mais on peut soutenir que le travail d'un Bassine a favorisé la lecture des textes psychanalytiques en URSS et qu'il a tout de même contribué à l'éclosion lente mais incontestable d'un pluralisme restreint dans les sciences humaines soviétiques.

A l'expression obligatoire du désir d'une société sans divisions et du sujet psychique unifié par le projet politique communiste vont donc s'ajouter, s'articuler, s'opposer même, des thématiques plus proches des diversités que des différences radicales (diversités des groupes scientifiques en

---

(2) BASSINE Ph. *Le problème de l'inconscient,* Moscou, Éditions Mir, traduction française de 1973.

compétition, celles des informations transversales que l'on parvient à dissimuler dans la langue de bois).

Vers un nouveau contexte

A la fin des années 60, les instances culturelles du Parti-Etat soviétique ont fini par admettre que la scotomisation du problème de l'inconscient n'était pas le meilleur moyen de combattre la psychanalyse, de diminuer le prestige du freudisme (si vif dans certains cercles d'intellectuels hongrois, tchèques et même polonais).

Mais les tentatives timides de dialogue d'un Bassine avec des spécialistes occidentaux, si elles trouvent de la compréhension chez le Dr Chertok, connaissent vite leur limite : des psychanalystes comme Musatti ou Smirnoff se refusent à prolonger un débat purement livresque alors que se met en place une pratique de persécution politico-psychiatrique des dissidents. Et puis la psychanalyse continue d'être reçue en URSS comme un corps étranger : elle suscite des images fixistes, une logique paranoïaque du discours dont la fonction latente est d'externaliser une conflictualité interne dont les expressions directes, franches, sont interdites. Sur le fond de puritanisme ambiant, de "sexualité carcérale" qui sera décrite par le Dr Stern (3), s'esquissent cependant des tentatives de rendre justice à la subjectivité, à la sexualité, à la psychologie et à la psychothérapie. Les intenses processus d'urbanisation, d'éducation scolaire et universitaire vont toucher la génération dont la maturation sera associée à l'avènement de la perestroïka. Le discours soviétique officiel continue de ne créditer la psychanalyse que d'apports limités : la mise à jour du vécu des névrosés par la méthode des associations

(3) STERN M. *La vie sexuelle en URSS,* Paris, Albin-Michel Edit., 1979.

libres et celle dite projective ; les informations sur le sujet apportées par le rêve ; la prise en compte des mécanismes du moi traitant les incitations pulsionnelles et permettant de surmonter le conflit entre le réel et les aspirations individuelles. Le Congrès de Tbilissi, organisé en 1979 autour de la notion d'inconscient, même s'il est sous-tendu par l'arrière-pensée politique de "blanchir" la psychiatrie soviétique compromise dans les tortures des dissidents, ponctue néanmoins toute une évolution du système cognitif : on y fait le procès du "réductionnisme", des modèles linéaires de causalité en sciences humaines.

A la fin des années 70, bien avant le démarrage de la perestroïka, des critiques nuancés du freudisme comme Bassine, Leïbine, Avtonomova, prennent le pas sur des anti-freudiens rigides comme les psychiatres Banchtchikov, Khalestsky, Steinberg, qui se contentaient de dénoncer dans les pages de la seule revue neuro-psychiatrique soviétique (Le *journal de neuropathologie et de psychiatrie Korsakoff*) le "krach" de la psychanalyse, son irrationalisme, ses fonctions idéologiques de légitimation de la violence capitaliste.

Et puis le débat va changer aussi d'interlocuteurs. Bassine (comme les pavloviens les plus dogmatiques) attaquait surtout la "psychosomatique" anglo-saxonne, le post-freudisme culturaliste qui pouvaient faire croire aux lecteurs soviétiques que la psychanalyse était une discipline médicale ou sociologique. Désormais on va se tourner vers la psychanalyse française et le mouvement culturel structuraliste : Lacan, Foucault, Lévi-Strauss présentent de ce point de vue l'énorme avantage de critiquer les produits culturels américains, de proposer des définitions "langagières" de l'inconscient, une conceptualisation rigoureuse dont la coloration "objective", "scientifique", est rassurante pour des auteurs soviétiques formés au sein d'un système cognitif qui privilégie la praxis des sciences dites exactes. Dans ce cadre nouveau, il sera plus facile à la philosophe N. Avotnomova, disciple de Bassine, d'invoquer les travaux de Chertok, O. Mannoni, F. Roustang, pour reprocher aux lacaniens de dédaigner les données inconscientes manifestées par les phénomènes d'hypnose et de suggestion - et de ne pas tenir compte en somme des niveaux de structuration et de communication interpsychiques qui sont précisément irréductibles à ce qui est proprement linguistique [(4)].

Exprimée dans les revues spécialisées comme *Voprosy Filosofii, Voprosy Psikhologii, Psykhologitchesky Journal* , cette approche marxiste nuancée privilégie l'étude des "aspects pré-réflexifs de l'expérience réelle". On n'y parle que fort peu de sexualité, car on s'intéresse aux phénomènes d'anticipation, d'intuition, de pré-traitement de l'information. Mais ce type de critique "savante" doit affirmer ses postulats psychologiques de base : celui de la continuité qui régnerait dans le système formé par l'appareil psychique, celui de la synergie des instances. Il est facile d'observer que, dans ce type de travail, des concepts freudiens comme le refoulement, le conflit psychique, la dissociation, n'ont qu'une place subalterne (celle que ce marxisme d'arrière-garde réserve aux phénomènes marginaux, aux sujets très perturbés qui ne font pas des majorités !).

Certains auteurs, proches du courant évoqué ci-dessus, ont cependant amorcé une évolution significative. Par son adhésion à l'Association psychanalytique de Moscou, mais aussi par la mutation de sa thématique, le philosophe V.M. Leïbine mérite de retenir l'attention.

---

(4) AVTONOMOVA N. *Lacan, renaissance ou déclin de la psychanalyse* (Sciences sociales) n°3 (69), Moscou, 1987, p.227-240.

Les écrits récents de V.M. Leïbine : vers un refus des dichotomies propagandistes

En 1977, ce philosophe moscovite, attaché à un Institut de l'Académie des Sciences, fit paraître *Psychanalyse et philosophie du néo-freudisme*, ouvrage qui se référait explicitement au psychiatre V.M. Morozov et à sa thèse de 1961 consacrée aux sources philosophiques de la psychiatrie étrangère (5). Leïbine souligne alors combien le terme "psychanalyse" est polysémique. C'est le bon moyen de dénoncer la transformation d'une méthode particulière de traitement des névroses en un "système déterminé de points de vue, forme particulière de vision du monde", d'une part, le freudisme orthodoxe, qui a hérité des philosophies d'Empédocle, de Platon, de Schopenhauer ; d'autre part, le post-freudisme, qui ne fait qu'exacerber la tendance freudienne à invoquer "les sentiments de crainte et d'agonie en tant que primaires". Orthodoxes et post-freudiens (y compris les lacaniens) s'accordent donc à privilégier dans leurs travaux la référence aux "moments irrationnels de l'activité humaine", à la "conflictualité et à la dissociation dans le monde intérieur de la personne. D'où, par exemple, cette façon psychanalytique de justifier les actes criminels, puisque ces derniers sont censés être commis sur l'incitation d'un sentiment de culpabilité relevant de la logique oedipienne. Dans cet ouvrage de 1977, Leïbine n'hésite pas à citer aussi le cas (rapporté par le psychiatre La Piere) d'un sujet américain devenu mentalement malade après avoir lu des nouvelles dont l'auteur était sous inspiration freudienne. Ainsi peut-on ranger le Leïbine de 1977 sous la bannière de ceux qui n'hésitaient pas à recourir aux procédés propagandistes les plus dogmatiques, afin de mieux prouver que Freud était dangereux parce qu'anti-scientifique, pervers, irrationaliste, anti-clinique, mécaniquement biologique, subjectiviste, anti-révolutionnaire, mythologique

---

(5) MOROZOV (M.V.) *La psychiatrie étrangère et ses sources idéelles*, Moscou, 1961, (en russe).

- donc anti-soviétique ! A suivre le philosophe soviétique, on ne comprenait d'ailleurs pas pourquoi il ne fallait pas "surévaluer l'influence (de Freud) sur les idées et la vie spirituelle de la culture occidentale", alors que la psychanalyse avait marqué non seulement la "bohème occidentale", mais aussi les "cercles académiques" et des penseurs aussi éminents que T. Mann ou N. Wiener. Bref, ces énoncés traditionnels à propos d'une crise interne de la psychanalyse inséparable d'une propagation aussi notable que regrettable, il fallait les organiser autour d'une thèse centrale : celle de la "circularité" de la psychanalyse réduite au dilemme du "Comment changer la personne sans changer la société ?". Voici ce qu'écrivait Léïbine afin de souligner la contradiction que ne pouvaient surmonter ni le freudisme, ni le post-freudisme : "pour qu'un nouvel homme advienne, il est indispensable de modifier les conditions sociales de son existence, mais l'obtention d'une telle modification exige un auto-perfectionnement préalable de la personnalité". Gardons en mémoire cette façon de présenter la psychanalyse : elle pouvait d'ailleurs utiliser des références pittoresques au théâtre de l'absurde, à la dramaturgie de la cruauté, à la "musique cacophonique". Nous n'en serons que plus étonnés à la lecture des textes récents de cet auteur qui incitent à une lecture désidéologisée du freudisme.

Citons d'abord cet article paru dans *Voprosy Filosofii* qui rend compte des lettres de Freud à Fliess : Leïbine y explique que l'inventeur de la psychanalyse nia son inspiration philosophique et dissimula son désir de tirer une philosophie de son expérience clinique parce qu'il tenait à imposer l'image du fondateur d'une nouvelle science [(6)]. En rappelant ceci, Leïbine ne se contente pas de rapprocher les thèses freudiennes de certaines idées émises par T. Lipps, T. Herbart, Nietzche et bien entendu Platon, il informe aussi le

---

(6) LEÏBINE (V.M.) *A propos de l'histoire de l'avènement de la psychanalyse : lettres de S. Freud à Fliess (Voprosy Filosofii) n°4, Moscou, 1988, p. 104-117)* (en russe)

lecteur soviétique que Goebbels livra en mai 1933 les écrits de Freud aux flammes sous prétexte que ceux-ci surévaluaient l'importance de la sexualité dans la vie humaine. Souligner l'importance de l'inspiration philosophique dans la généalogie de la psychanalyse coupait donc la route aux amalgames propagandistes des staliniens.

Dans un autre article, paru également en 1988 dans la revue *Filosofskié naouki*, Leïbine démontre avec un grand luxe d'exemples à la clé que l'accusation de non-scientificité ne résume en aucune façon la pensée du néo-positivisme à l'égard du freudisme [(7)]. Ainsi, dans les écrits d'un Popper, il est aisé de relever des emprunts conceptuels au freudisme, l'expression aussi de la conviction que les expériences infantiles précoces sont déterminantes pour l'évolution de la personnalité et que bien des névroses découlent de l'inhibition de l'attitude critique à l'égard du milieu environnant ; Popper ne se serait pas contenté, à propos de la psychanalyse, d'une critique caricaturale de la tradition inductive en sciences humaines, il se serait aussi intéressé constamment, selon Leïbine, aux particularités du "langage de l'inconscient", aux possibilités thérapeutiques qui découleraient de son interprétation. De plus, Freud et les néo-positivistes se sont toujours intéressés au mécanisme de formation des illusions : le propre de l'illusion philosophique n'est-il pas de transformer un conflit inconscient insurmontable en un problème conscient qui procure la satisfaction narcissique ?

On notera que l'établissement de la liste des emprunts de cette sorte présente le mérite aux yeux de Leïbine de bien indiquer "la place centrale de la psychanalyse dans la pensée de notre siècle" même s'il s'agit là d'une pensée marquée par son contexte "bourgeois".

---

(7) LEÏBINE (V.M.) *Psychanalyse et néo-positivisme (Filosofskii Naouki)* n°8 Moscou, 1988, p 62-73 (en russe).

Un troisième article du philosophe soviétique paru en 1988 dans *Voprozy Filosofii* (en guise de préface à une traduction nouvelle de l'*Avenir d'une illusion*) permet à l'auteur de critiquer avec quelque ironie le "scientisme" de la théorie freudienne du fait religieux [8]. En recommandant de "tenir compte de la relation dialectique entre la foi et le doute", Leïbine n'en définit pas moins les principaux apports de Freud à la pensée de notre siècle : *"Il (Freud) a soumis au réexamen les représentations établies auparavant à propos du développement psychosexuel des enfants, s'est opposé à l'identification cartésienne de la réflexion et du psychisme, a ré-examiné les interrelations entre la conscience et l'inconscient, a arraché le masque d'hypocrisie de la morale puritaine, a porté un coup sensible à l'amour-propre et à la présomption de l'homme..."*

Un récent écrit du même auteur dans la revue *Psykhologitcheskiï Journal* confirme cette tendance assimilatrice : *"La réinterprétation des idées et des concepts psychanalytiques est devenue un des objectifs majeurs concernant aujourd'hui psychologues, philosophes, historiens de la science (et tous spécialistes) s'intéressant aux motifs conscients et inconscients de la conduite des individus et aux conflits qui se jouent dans les profondeurs de l'âme humaine..."* [9].

De quelques démarches d'assimilation radicale

Le philosophe Leïbine ne s'est pas contenté de prendre la théorie freudienne au sérieux, il s'est désolidarisé des thèmes propagandistes du discours anti-

---

(8) LEÏBINE (M.V.) *Préface à l'Avenir d'une illusion (Voprozy filosofii)* n°8, Moscou, 1988 (en russe).

(9) LEÏBINE M.V.) *La psychanalyse et l'inconscient : une spécification des notions (psykhologitcheskii journal)*, tome 10, n°3, Moscou, 1989, p 17-22 (en russe).

psychanalytique, il a fini par adhérer à l'Association soviétique de psychanalyse. D'autres auteurs vont faire le procès de l'anti-psychanalyse pour pouvoir dénoncer les méfaits de l'idéologie totalitaire dans le domaine scientifique.

Ainsi, dans un article paru en 1988 dans *Voprosy Psikhologii*, L.A. Radzikovsky estime que le "savoir" soviétique de la psychanalyse est encore plus dangereux qu'une ignorance totale (10).

C'est que, selon Radzikovsky, la *doxa* anti-freudienne a formé une attitude mensongère qui ne permet pas d'appliquer l'information reçue à son propre travail. Le critique soviétique banal de la psychanalyse a peur de toute comparaison et il ignore bien entendu ce qu'il critique : "Nous critiquons, écrit Radzikovsky, ce que nous n'avions pas fait de nos mains, ce que nous ne savions pas en fait... relation cynique à sa science, à son apparence, à soi-même dans la science...". Un tel système a donc transformé "le plus grand psychologue au monde" en une sorte de "criminel numéro Un". Or, souligne encore le psychologue soviétique, "la psychanalyse est entrée de façon radicale dans l'inconscient collectif (ou le "sur-conscient" de l'humanité), dans la noosphère", Freud a réussi à placer la psychologie au centre de la problématique culturelle du XXè siècle et, il a construit des concepts (la libido, l'autodestruction) qui font que la psychanalyse n'est pas seulement une théorie nouvelle mais "une théorie de nouveau type" (c'est-à-dire une nouvelle façon de penser).

Le psychologue soviétique, collaborateur de l'institut de la psychologie des sciences et des techniques de Moscou, tient à rappeler que le "pan-sexualisme" était déjà au centre

---

(10) RADZIKOVSKY (L.A.) *Théorie de Freud - changement d'attitude (Voprosy psikhologii)*, n°6, Moscou, 1988, p. 100-105.

des préoccupations des plus grands écrivains russes comme Dostoievski et Tolstoï. Le freudisme n'a donc fait qu'épanouir un changement de "paradigme" (au sens de ce terme dans la théorie de Kuhn). Ouverture vers le "souterrain de l'âme", vers l'au-delà du miroir. Vers une "réalité psychique" qui soumet à sa cohérence déroutante les intentions conscientes et les met aussi en branle. Mais Freud a été le premier à créer une "langue" spécifique (et scientifique) pour rendre compte de cette réalité particulière.

Balayant rapidement les objections de "pan-sexualisme" et de non-scientificité opposées si souvent à la psychanalyse, Radzikovsky entend faire comprendre à son lecteur qu'au contact des processus psychiques les plus implicites, il est vain de "prétendre traverser une limite de principe entre le mythe et la théorie proprement dite". La nature de l'objet (l'inconscient) impose donc une méthodologie spécifique : la technique psychanalytique est cousine de cet abord dialogique adopté par Bakhtine face au défi du fait littéraire.

Mais le temps perdu à cause du totalitarisme, à cause des interdits paresseux opposés à l'investigation psychologique, ne se rattrape pas de façon directe : il ne faut pas "copier" la psychanalyse occidentale, il faut guérir le complexe d'Œdipe de la science soviétique à l'égard du freudisme par des conduites d'acculturation carrément innovatrices.

L'invitation à accueillir les apports de la psychanalyse sans servilité est aussi le fait d'auteurs plus réservés qui entendent dénoncer l'attitude "hooligan" des années 1930-1950 sans pour autant remettre en question la totalité de l'héritage soviétique.

Persistance de l'attitude syncrétique

Psychologue comme l'est Radzikovsky, E.V. Guilbo, jeune collaborateur de l'institut de l'Histoire de la Science et de la Technique de Leningrad, condamne l'anti-freudisme systématique parce que ce dernier a condamné beaucoup de chercheurs authentiques au silence ou à la clandestinité ; dans deux articles récents, il ironise à propos de la prétention du pavlovisme officiel à avoir éliminé la psychanalyse de la science soviétique (*"Depuis 90 ans,* écrit Guilbo, *on renverse la psychanalyse ; depuis 60 ans on parle de sa crise ; depuis 30 ans on cite son déclin. A ceci près que la psychanalyse continue d'exister et connaît des succès dans les domaines de la thérapie, de l'esthétique, de la psychologie sociale"* (11) ; on ne peut expliquer ce "destin" de la psychanalyse en ex-URSS que par un "monopole de la vérité scientifique" et une "étatisation de la science qui fut poussée jusqu'à l'absurde".

Mais dans un texte non encore publié (1989), Guilbo a jugé bon de polémiquer avec E. Roudinesco qui avait écrit dans *Le Monde* du 31 mars 1989 un article consacré à la renaissance de la psychanalyse en Russie. Pour Guilbo, il serait vain de croire que la perestroïka a transformé l' ex-Union Soviétique en terre de mission. "Le pays de Dostoievski est capable de bien mieux faire que de copier les dogmes étrangers". "Si la psychanalyse est destinée à renaître en ex-URSS, ajoute cet auteur, ce sera une psychanalyse russe traditionnelle et jamais une filiale de quelque école occidentale".

(11) GUILBO (E.V.) *Du destin de la psychanalyse (Voprosy Psikhologii),* n°1, Moscou, 1988, p. 9-11 (en russe).
et *La pensée psychologique de la critique rationaliste de la psychanalyse (Voprosy psikhologii)* n°1, Moscou, 1990, p. 113-116 (en russe).

Guilbo ne se contente pas de se gausser des tentatives d'implantation récentes qui ont été le fait de membres de l'école de *La cause freudienne*, il définit la tradition psychanalystique locale en insistant sur le pluralisme, l'attitude critique du freudisme russe.

A la fin des années 20, des auteurs comme Ermakov et Lifchitz ne voulaient pas rejeter l'hypnose : "*L'hypnose et le transfert,* observe Guilbo, *étaient examinés dans la tradition russe comme les côtés différents du seul et même mécanisme de suggestion innée qui garantissait durant les années de prime enfance l'assimilation des stéréotypes à travers l'identification aux proches.*" La psychanalyse russe ne fut jamais hostile non plus aux investigations d'ordre physiologique concernant les faits découverts par Freud. L'originalité du freudisme russe aurait été en fait de recourir à des méthodes "objectives", "rationnelles", "positives", pour cerner les faits psychiques inconscients. Les freudiens russes furent aussi très influencés par le marxisme ; ils se proposèrent d'étudier "les facteurs humains" mis en jeu dans les processus sociaux.

Dans un article récent, Guilbo annonce que les savants soviétiques ont tendance désormais à privilégier une attitude moins poppérienne, c'est-à-dire plus "empathique" à l'égard des phénomènes individuels et collectifs. "En Russie, ajoute l'auteur, la psychanalyse est examinée comme un fait non tant médical qu'omni-culturel" ; il faut donc pronostiquer l'essor d'une psychanalyse locale davantage théorique que clinique (avec beaucoup d'applications d'ordre philosophique) (12).

On peut admettre, avec Guilbo, que l'interdiction de pratiquer l'analyse a durablement marqué la culture soviétique, les freudiens russes. Des éléments historiques

---

(12) Ibidem.

confirment l'idée d'une psychanalyse russo-soviétique hétérodoxe dès ses débuts, syncrétique jusqu'au paradoxe. Des fondateurs comme les psychiatres Ossipov et Vyroubov ne concevaient la pratique de l'analyse que comme un moment surdéterminé du geste thérapeutique (moment d'investigation surtout), que comme une indication très étroite (qu'il fallait limiter aux seuls cas de névrose obsessionnelle et d'hystérie). Mais cette façon de diluer le travail avec l'inconscient, de reconnaître la découverte freudienne en la repoussant, trouve de nouveaux aspects dans le contexte actuel.

Il faut prêter à ce propos attention à la description que fait le psychologue de Leningrad Alexandre Etkind de la clientèle soviétique en quête de psychothérapie d'inspiration analytique (13). Ces patients ne se recrutent bien entendu que dans quelques grandes cités et sont issus des "classes moyennes" (ce sont des ingénieurs, des enseignants, des membres du corps médical, etc.) Leur ressources matérielles étant limitées, ils recherchent donc des thérapies courtes qui obligent les apprentis analystes à transposer les méthodes orthodoxes d'analyse. Mais c'est encore leur carence en termes d'individuation qui constituent, selon Etkind, un gros obstacle pour l'établissement du processus analytique, car le système les a profondément déresponsabilisés : "le fils ne reprend pas la place de son père, car le père n'occupe pas la sienne qui d'ailleurs n'existe pas. Le père et le fils se trouvent tous les deux dans le sein maternel et ne sont pas en opposition ; ils vivent *ensemble* et construisent *ensemble* leurs vies ; l'espace de l'enfant, de l'adolescent est celui des parents…" Déboussolés par la transformation de l'image du Parti-Etat (Mère nourricière et protectrice virant à la catin qui trahit ses enfants et les livre à la faim et à l'incohérence), ces sujets vont avoir beaucoup de mal à démêler ce qui relève de la revendication politique positive

---

(13) ETKIND (A.) *La psychanalyse et la perestroïka (l'Ane)* n°40, Paris, octobre-décembre 1989, p 10-12.

au sein d'une symptomatologie névrotique classique ; ils réclament donc la gratuité des soins, une attitude totalement bienveillante et inconditionnelle de la part de leur thérapeute, une fusion affective qui entrave la distanciation nécessaire au travail sur le fantasme.

On pourra ajouter à ces considérations quelques remarques sur le contexte : un névrosé soviétique ne peut bénéficier d'une aide psychothérapique et psychiatrique efficace car l'appareil des soins médicaux est dans un état lamentable. Et, plus qu'ailleurs, l'institution psychiatrique est perçue comme une sorte de conflit professionnel ou de voisinage. Alors que l'esquive par les médecins des problèmes sexuels de leurs patients est fréquemment avouée.

C'est sur ce fond d'incurie, de puritanisme à la fois tenace et mal assuré, de désir sincère aussi de prendre en compte la subjectivité humaine, que s'expriment encore des résistances efficaces à la psychanalyse. Elles peuvent continuer à s'énoncer dans des thématiques frustes (par exemple, celle du psychothérapeute Zatchepitsky qui accuse la psychanalyse de non-scientificité, de sexualisation abusive de l'activité humaine, d'autonomisation irrecevable de la fonction symbolique [14], ou bien invoquer la figure d'un Ferenczi pour inciter à une régression théorique qui consiste à repenser le transfert dans le cadre primaire de la suggestion [15].

La création en février dernier d'une Association russe de psychanalyse à Moscou par le Pr. Belkine se définit comme un effort pour dépasser la problématique livresque et

---

(14) ZATCHEPITSKY (R.A.) *La crise de la psychanalyse contemporaine aux États-Unis et en France (Journal de neuropathologie et de psychiatrie Korsakoff)*, n°12, Moscou, p. 1868-1870.
(15) AVTONOMOVA (N.) Op. cit.

illusoire propre au discours soviétique banal à propos de la psychanalyse. Le Pr. Belkine est un spécialiste en neuro-endocrinologie; il prétend avoir été brièvement analysé de façon clandestine durant sa formation médicale dans un hôpital en Sibérie. Adhérer à l'IPA, mettre au travail des collaborateurs intéressés par les archives de la défunte société moscovite des années 20, obtenir des autorités la mise en place d'un système de thérapie d'inspiration analytique qui serait gratuit (avec un crédit de plusieurs centaines d'heures de soins pour les cas graves, comme cela se passe en R.F.A.), autant d'objectifs qui s'ajoutent à celui fondamental de la formation didactique (le Pr. Belkine devait mettre au point cet été la liste de candidats à l'analyse acceptant de séjourner plusieurs années à Paris, Londres, New York avant de revenir former à leur tour leurs collègues soviétiques).

Mais la psychanalyse soviétique actuelle ne se résume pas à l'équipe formée par le Pr. Belkine et les quelque 80 adhérents de la nouvelle Association de Moscou. A Leningrad, Alexandre Etkind et ses amis ont créé une coopérative de psychologues ; des membres du nouveau collectif de psychiatres indépendants s'intéressent également à l'analyse.

Comme la psychanalyse est actuellement un produit culturel à la mode en ex-Union Soviétique, ses possibilités de renaissance (avec leur cortège d'aventuriers, de charlatans, de malades mentaux) semblent réelles. D'autant plus que le système d'aide psychologique général a été violemment dénoncé pour son inefficacité dans tous les médias. Et que des pontes de l'anti-psychanalyse savante comme le célèbre historien de la psychologie Iarochevski ont fini par changer d'attitude et favoriser une activité de traductions et d'éditions qui comble un vide criant.

Il est par ailleurs émouvant de penser que la psychanalyse a pu survivre dans le cadre totalitaire soviétique par le truchement de quelques individus dont la plupart étaient d'ailleurs bien éloignés de l'orthodoxie freudienne. Preuve que la découverte de Freud n'est pas aussi fragile que le suggèrent quelques pathétismes analytiques récents. Preuve aussi qu'une société globale — même totalitaire — ne peut jamais, comme le rappelle l'historien et soviétologue Moshe Lewin, être réduite à son seul sous-système politique [16].

La mutation récente qui est intervenue dans la thématique du discours soviétique à propos de la psychanalyse est à inscrire dans des processus socioculturels globaux de différenciation, d'adaptation et sans doute d'innovation. A cet égard, il serait sot de réduire les changements d'attitude à la seule logique de l'opportunisme de carrière. Il serait imprudent, à notre avis, de sous-estimer pour autant les facteurs de résistance à la prise en compte des effets de l'inconscient qui ont de profondes racines historiques et s'expriment dans une trop grande proximité avec le fantasme comme dans le souci de le faire taire. Les timides parutions récentes d'une littérature de vulgarisation sexologique attestent la complexité du phénomène : rien n'assure que le crépuscule des pavloviens garantira l'envol de l'Eros ailé" cher à Alexandra Kollontaï. Mais la curiosité de l'intelligentsia soviétique à l'égard du freudisme est un signe profond des changements en cours.

---

(16) LEWIN (M.) *La grande mutation soviétique,* Paris, Ed. de la Découverte, 1989.

CHAPITRE 2

Échos de la psychanalyse dans les Voprosy Filosofii (1985-1989)

(Maryse Dennes)

En 1987, la revue philosophique soviétique, "Voprosy filosofii", - "Questions de philosophie" - fêtait son 40ème anniversaire. C'était aussi le 70ème anniversaire de la Révolution d'Octobre.

Or, les articles qui parurent cette année-là dans cette revue officielle ne furent ni à la gloire du stalinisme, ni propices à la persistance de la seule vision marxiste-léniniste [(1)]. Mikhaïl Gorbatchev était secrétaire du PCUS depuis mars 1985 et sa politique de transparence (Glasnost) et de restructuration (perestroïka) commençait à se faire sentir dans différents domaines.

A l'occasion de certaines éditions de Freud, en langue étrangère ou en russe, quelques articles sur S. Freud et la psychanalyse vont paraître dans les V.F. Chaque fois ils donnent une interprétation particulière de l'oeuvre de Freud. Ils témoignent du lien qui sera établi entre le contenu de l'oeuvre envisagée et le besoin de penser l'homme

---

[(1)] Cf. n°7 (1987) p. 133-144 : T.G. Arsakanian : La pensée philophique et la revue philosophique.

selon des critères nouveaux. La critique continue à être dirigée par le souci d'une utilité et d'une efficacité sociale. Mais au lieu de s'appuyer sur une interprétation déjà donnée de l'homme et de la société, elle se tourne vers la psychologie et la psychanalyse pour tenter de fonder, en l'homme, la possibilité d'une nouvelle interprétation.

A partir de 1987, une attitude nouvelle en psychologie sociale se fait jour. Elle tend à privilégier la psychologie et à trouver, dans cette science, un fondement et une justification de la perestroïka. Dans le n°9 de 1987, le Professeur German Germanovitch Diligentskii intitule son article : "la perestroïka et les processus spirituel et psychologique dans la société". Il écrit, (je traduis) :

> "La restructuration de la psychologie sociale et personnelle des gens est un aspect incontournable du processus de renouvellement de la société soviétique (2)" ;

et il parle quelques lignes plus bas d'une nécessaire *perestroïka psychologique*".

En 1989, dans le n°4 des V.F., on trouvera, sous la plume de plusieurs philosophes soviétiques, — N.V. Lioubomirova, V.M. Mejouiev, F.T. Mikhaïlov, V.I. Toltych — la reprise d'une idée qui se répandait alors : celle d'une *perestroïka de la conscience.*

> "Comprendre la réalité, écrira Toltych, cela signifie changer mon regard sur les conditions de mon activité et, de ce fait, devenir auteur de ma conscience" (3).

---

(2) N°9 (1987) p. 3

(3) N°4 (1989) p.48

Comme le disait Irina Manson, dans son article intitulé précisément "la psychanalyse en URSS, la perestroïka de la conscience" et paru dans les "Esquisses psychanalytiques du printemps 1989", on a transféré totalement dans le domaine de la psychologie la question de la perestroïka [4]. Une évolution s'est faite dans le sens d'une radicalisation accordée au domaine de la conscience. Mais simultanément, elle s'est accompagnée d'une plus grande tolérance dans le domaine des croyances et des convictions.

Dans le n°7 de 1989, V.I. Kerimov laisse entrevoir cette double évolution alors qu'il fait une recension du recueil de traductions dans lequel paraît "l'avenir d'une illusion" [5]. Il renvoie à 1987 comme à une année où l'idée d'une Perestroïka psychologique s'est accompagnée d'une libéralisation dans le domaine religieux. C'était l'année où se préparait la célébration du millénaire du Baptême de la Russie. Le changement d'attitude vis-à-vis de la religion allait modifier certaines données de la critique de la psychanalyse.

C'est en cela que réside l'intérêt des quelques articles publiés dans les V.F. entre 1987 et 1989. D'une part, ils tracent le contexte général de l'interprétation de Freud en Russie. Ils donnent les conditions non plus idéologiques mais psychologiques de la prise en considération de sa pensée. Mais, d'autre part, ils renouvellent aussi certains éléments de la critique. Trois d'entre eux me sont apparus essentiels ; ils vont me permettre de dégager avec plus de précision les tendances fondamentales qui habitent la littérature

---

(4) Cf. p. 15 : "Que devant un constat d'échec de l'idéologie on se tourne aujourd'hui vers la psychologie quoi de plus compréhensible ? Qu'après avoir vécu cette idéologie comme toute — puissante, on ait parfois tendance à croire en la toute — puissance de la psychologie, quoi de plus explicable ? Le syndrome du père est encore vivace."

(5) Le recueil est intitulé : Le crépuscule des dieux.

philosophique soviétique dans son rapport à la psychanalyse.

C'est, tout d'abord, un article de Mikhaïl Grigorevitch Iarochevski (6), sur L.S. Vygotski et la dichotomie diltheyenne. Il paraît en 1987, dans le n°12 des V.F. et porte comme titre : "Dans la recherche d'un schéma intégral de l'organisation psychique de l'homme".

On y trouve une seule référence à S. Freud et elle est encore négative, le créateur de la psychanalyse étant opposé à Spinoza en tant qu'il aurait mis la réflexion au service des passions (7).

Mais l'intérêt de cet article par rapport aux futures études et traductions de Freud demeure. Il donne le contexte épistémologique et l'horizon philosophique à partir desquels la psychanalyse pourra de nouveau être prise en considération.

D'une part, en étudiant particulièrement L.S. Vygotski, M.G. Iarochevski nous replace dans l'atmosphère des années 20 où la psychologie était intimement liée à la critique du freudisme. Mais, d'autre part, ce choix lui permet de dépasser les critères de jugement de la psychologie académique de l'époque. A travers Vygotski, il est renvoyé au projet diltheyen de réorganiser la psychologie. Il insiste sur la nécessité de prendre en considération l'historicisme et la relativité des valeurs culturelles. Iarochevski s'appuie sur les épistémologues contemporains, tel Lakatos, et soutient l'idée qu'une théorie de la science sans histoire est une chose vide. A la suite de F.V. Bassine il montre aussi la nécessité de revenir à une philosophie réflexive qui, seule, peut

(6) Iarochevski, Docteur en Sciences Psychologiques, Directeur de l'Institut d'Histoire des Sciences naturelles de l'Académie des Sciences de l'ex-URSS.
(7) V.F. N. 12 (1987) p. 74.

permettre de fonder une nouvelle façon d'envisager le psychisme humain. Il y aurait ainsi, simultanément, la découverte d'une base nouvelle pour l'installation de l'homme dans la société. Iarochevski écrit : "...pour un renouvellement spirituel de notre société." (8)

Mais Iarochevski ne veut pourtant pas rejeter l'acquis de la psychologie russe. A travers Vygotski, l'apport de Pavlov est reconnu, mais simultanément il est utilisé en vue de souligner le rapport maintenant nécessaire entre la psychologie et la culture. La notion de réflexe est extraite du domaine de la physiologie pour être transférée dans celui du langage. Le réflexe langagier est à la fois ce qui réunit la nature et la culture, ce qui permet de dépasser l'opposition traditionnelle entre l'âme et le corps et ce qui introduit dans une étude spécifique du psychisme humain : celle du psychisme humain en tant qu'il est producteur de culture.

L'ensemble du projet se trouve dominé par la recherche d'une explication intégrale du psychisme humain. Revenir vers Pavlov pour l'utiliser et le dépasser, ce n'est ni le nier, ni le rejeter, c'est plutôt l'élargir. Iarochevski remarque à ce sujet que, si tous les leaders de la jeune psychologie soviétique s'appuyaient, dans les années 20-30, sur le pavlovisme, ils affirmaient néanmoins qu'il n'était pas possible, dans ce contexte, de porter un jugement sur le fondement. La réflexologie, ayant donné une image scientifique rigoureuse du comportement, avait, en même temps, rejeté la conscience hors de son étude. Elle l'avait ainsi remise entre les mains de la psychologie subjective.

C'est donc ce domaine de la conscience abandonné à la psychologie subjective qui est maintenant visé. A travers Vygotski, Iarochevski cherche à montrer qu'il y a une façon plus fondamentale et plus globalisante d'envisager le psychisme humain. Le langage en est la base et la charnière.

---

(8) Ibid. p. 69.

D'une part, c'est lui qui permet d'appliquer la réflexologie au domaine de la culture, mais, d'autre part, c'est grâce à lui que l'on peut accéder à des formes a priori qui président à l'organisation du psychisme humain et de la vie en société.

Par l'intermédiaire du mot qui véhicule tout un tissu de significations et qui, par là même, se fait image et symbole, l'homme est partie intégrante de la culture. Il est aussi prédisposé à la création, et c'est l'oeuvre qui, dans ce contexte, devient dépositaire du cadre conceptuel. C'est à partir d'elle qu'un réseau de réflexes s'instaure, déterminant autant l'activité psychique que les relations entre individus. Iarochevski cite Vygotski : "l'art est ce qu'il y a de social entre nous", et il commente :

> "Dans les relations que le sujet entretient avec l'œuvre, il y a les mêmes facteurs déterminants que dans la structure objective de l'œuvre d'art, c'est-à-dire dans la création produite par l'esprit." (9)

Selon L.S. Vygotski, qui reprend et élargit l'enseignement de Pavlov, "tout le monde de l'histoire, de la culture, du langage, c'est l'empire du conditionnement." (10) C'est dans cet empire, sous l'action des réflexes transités par le langage, que se constituent les différents niveaux du psychisme : celui des fonctions culturelles (niveau supérieur), et celui des fonctions psychiques naturelles (niveau inférieur).

Mais M.G. Iarochevski le précise bien : pour Vygotski, le psychisme ainsi constitué reste, en toutes ses parties, spécifique de l'humain.

---

(9) Ibid. p.73.

(10) Ibid. p. 70.

La différenciation ontologique entre le psychisme animal et le psychisme humain n'est donc pas clairement établie. L.S. Vygotski s'appuie sur le réflexe langagier pour tenter de résoudre la dichotomie diltheyenne entre la psychologie physiologique et la psychologie de l'esprit. Mais l'ont peut se demander si, au lieu d'être résorbée, la dichotomie n'est pas plutôt déplacée, rejetée de ce qui est réellement pris en considération par l'auteur.

En cherchant à se distinguer de Pavlov, Vygotski essaie de penser le psychisme humain comme n'étant pas réductible à des données physiologiques. Mais, simultanément, en se basant lui-même sur un réflexe, le réflexe langagier, il ramène le psychisme à ce que l'on peut dire des relations qu'il entretient avec la culture et la société. Bien que le réflexe langagier soit posé comme ayant aussi "un aspect corporel", c'est néanmoins tout ce qui a rapport au domaine physique qui se trouve maintenant ignoré.

C'est pour cette raison, sans aucun doute, que Freud a été mis de côté par Vygotski. Sa pensée de l'Ics basée sur le refoulement des pulsions et la sublimation des désirs à travers les phénomènes culturels ne pouvait pas s'accorder avec une théorie où le rapport aux données physiologiques se trouvait carrément évincé.

L'article de M.G. Iarochevski n'en désigne pas moins le cadre général à partir duquel la psychanalyse pourra ou non être prise en considération de nos jours, en Russie. C'est dans la mesure où elle sera envisagée comme n'étant pas contraire à l'idée d'une vision intégrale de l'homme qu'elle sera déclarée digne d'intérêt.

Ou bien, S. Freud sera considéré comme pouvant supporter lui-même un nouveau schéma d'interprétation de tout ce qui concerne l'humain, et, à une époque de remise en cause des anciens schémas, il sera traduit et étudié.

Ou bien certains aspects de son oeuvre — telle son explication du phénomène religieux — se trouveront en contradiction avec la nouvelle attitude de tolérance prônée depuis 1987, et, pour être admis, ces aspects seront considérés comme la conséquence d'une analyse scientifique locale n'atteignant en rien une possible vision du monde basée sur la chose envisagée.

Ce sont ces deux positions que l'on retrouve dans deux articles parus en 1988, à quelques mois d'intervalle, dans les V.F. Ils sont signés du même auteur : Valerii Moïsseievitch Leïbine (11). Pourtant, ils nous présentent deux approches différentes de l'œuvre de S. Freud. C'est donc que la critique se trouve aussi dirigée par des critères de jugement extérieurs à l'oeuvre envisagée.

Le premier de ces articles paraît dans le n°4 de 1988. Il est consacré à la parution, en anglais, à Cambridge, de la correspondance entre Freud et Fliess (12). L'auteur y rappelle l'importance des études sur l'oeuvre de S. Freud en Occident. Il donne quelques éléments bibliographiques sur les études consacrées à Freud, en ex-URSS. Il cite, pour la période contemporaine :

- de K.I. Sobol : "Principes philosophiques de la théorie psychanalytique de S. Freud" publié à Gorki en 1969.

---

(11) Leïbine : Docteur en philosophie - Attaché à l'Académie des Sciences d'ex-URSS.

(12) The complete letters of Sigmund Freud to Wilhelm Fliess, (1897-1904). Ed. Masson, Cambridge.

- de V.M. Leïbine "La psychanalyse et les philosophies du néo-freudisme". Moscou, 1977.

- de M.A. Popova : "Le freudisme et la religion" M., 1985.

- de A.M. Routkevitch : "De Freud à Heidegger" M. 1986.

Mais il souligne le manque d'étude, en ex-URSS, sur l'histoire de la naissance de la psychanalyse.

Après avoir décrit les péripéties relatives à l'édition de la correspondance entre Freud et Fliess, V.M. Leïbine en vient à ce qui lui semble essentiel : une meilleure connaissance des sources de la psychanalyse doit permettre de dégager le fait que Freud était avant tout préoccupé par un projet philosophique. Ici, pour Leïbine, Freud aurait été un philosophe avant d'être un scientifique. Il aurait toujours nourri le secret désir de laisser tomber la pratique médicale pour ne s'occuper que de psychologie fondamentale.

Leïbine avance, au sujet de Freud, l'idée d'une "philosophie psychanalytique". Il s'appuie pour cela, non seulement sur les lettres à Fliess, mais aussi sur celles à E. Silberstein, où Freud n'hésitait pas à souligner son intérêt pour la philosophie. Leïbine se réfère aux lectures du jeune Freud : celle de l'oeuvre de Lipps sur "les problèmes fondamentaux de la vie de l'esprit", celle du manuel de G. Linder (13) qui était un exposé des positions théoriques du philosophe et psychologue allemand, I. Gerbacht (1776-1841). Il mentionne l'intérêt que Freud accordait alors à Nietzsche et à Brentano. Enfin, Leïbine dégage les références philosophiques qui parcourent les différentes versions de "L'interprétation des rêves".

Il écrit au terme de son étude très argumentée :

---

(13) G. Linder : Manuel de Psychologie empirique.

> "En fait, l'espoir secret de faire de la philosophie, délicatement caché par Freud lui-même /.../ cet espoir se traçait néanmoins un chemin dans le dédale de la psychopathologie, en attendant que s'accomplisse la création d'un enseignement global sur l'homme et sur le monde " (14) .

Du fait que la psychanalyse peut être envisagée comme une vision globalisante du psychisme humain, comme une interprétation de tous les phénomènes humains, V.M. Leïbine estime que Freud a introduit, en Occident, une façon nouvelle de penser l'homme dans sa totalité. Il y est parvenu parce qu'il a pu faire considérer la psychanalyse comme une science alors qu'elle est, à son avis, d'abord et fondamentalement une philosophie.

D'une part, la psychanalyse, en tant que philosophie, en tant qu'instauratrice d'un monde, correspondrait à ce dont la Russie a maintenant besoin ; d'autre part, en l'acceptant, l'Occident aurait fini par reconnaître la possibilité d'être d'une façon autre que seulement scientifique. L'allusion est implicite et l'appropriation presque évidente : Freud finalement serait plus proche des russes que bien d'autres psychologues occidentaux. Il aurait insufflé à la culture occidentale, imprégnée d'esprit scientifique, une aspiration à prendre en considération la totalité de l'expérience humaine.

V.M. Leïbine écrit à la fin de son article :

> "Il faut rendre à Freud ce qui lui revient, car il a eu l'intuition aiguë de la façon que l'Occident avait d'appréhender la psychologie, et, de ce fait, il n'a pas seulement réussi à faire comprendre le statut scientifique spécial de la psychanalyse, mais il a obtenu aussi un développement des

---

(14) V.F. n°4 (1988) p. 115.

idées psychanalytiques dans une partie de l'intelligentsia occidentale" (15).

On retrouve le même auteur, V.M. Leïbine dans le n°8 des V.F. de 1988.

La chose est plus délicate ici que précédemment. Il s'agit de justifier la parution, en russe, de "L'avenir d'une illusion".

L'article s'intitule : "Foi ou raison" — et il est donné en préface à la publication.

Or, en 1988, l'attitude officielle vis-à-vis de l'Église et de la Religion n'est plus du tout ce qu'elle a été auparavant. 1987 a été une année-tournant. A présent on se réfère à la religion et on espère trouver en elle les critères de moralité dont semble manquer la société soviétique actuelle. En quelque sorte la religion est reconnue comme un domaine essentiel. Elle semble tout à coup être aussi digne d'intérêt que la psychologie. Nous sommes très loin de la radicalisation de la critique marxiste en matière de religion. Très loin aussi de ce que Freud a pu dire des croyances religieuses. Ce qui importe donc, ici, pour sauver autant le marxisme que le freudisme, c'est de poser ces deux visions comme étant d'abord de nature scientifique et comme ne touchant pas à l'essence de la chose envisagée.

C'est précisément l'attitude que V.M. Leïbine adopte vis-à-vis de Freud et de sa réflexion sur la religion. Il ne la rejette pas ; il montre, au contraire, qu'elle peut être vraie si on la limite au contexte d'une recherche scientifique dans le domaine de la psychologie. Mais il ajoute qu'elle est une vision de la religion par les sciences et qu'elle n'atteint pas, de toute façon, le domaine de la foi. Pour justifier son point

---

(15) Ibid. p. 117.

de vue, Leïbine n'en reste pas à Freud. Il le confronte à Feuerbach, puis à Jung qui est apprécié pour avoir relevé l'effet négatif de l'abandon de la croyance religieuse.

Il écrit :

> "Si Freud s'en est tenu au point de vue selon lequel la religion est analogue à la névrose infantile et l'humanité capable de dépasser ce stade névrotique de son développement, Jung, lui, en est arrivé à dire que la perte des croyances religieuses sert de terrain nourricier pour l'apparition des déséquilibres psychiques et conduit inévitablement à des névroses" (16).

Pour V.M. Leïbine, il faut tenir compte des leçons de l'histoire et prendre en considération les données qui, à l'époque actuelle, contredisent certaines réflexions de Freud qui dépendaient d'un autre contexte. Il remarque qu'à l'époque de la technique, les représentations religieuses non seulement disparaissent, mais renaissent dans le monde entier à travers des formes nouvelles et non traditionnelles. Ce qu'il faut donc alors retenir de l'oeuvre de Freud, c'est que lui-même dans sa critique et sa remise en cause de la religion était d'abord habité par la foi en la raison.

Contre les arguments de O. Pfister (17), Leïbine conclut :

> "La raison humaine, voilà le dieu unique que reconnaît le fondateur de la psychanalyse." (18)

---

(16) V.F. n°8 (1988) p.130. Traduction de l'auteur de cette contribution.

(17) Ibid. p. 131.

(18) Ibid. p. 130.

Face à cette interprétation et à cette justification diverse — de la pensée de S. Freud, devons-nous nous arrêter aux ambiguïtés et aux contradictions qui apparaissent lors de la confrontation des deux textes de Leïbine ?

Et surtout :

- à l'ambiguïté relative aux statuts de la science et de la philosophie ?

- à la contradiction, nourrie par cette ambiguïté, et qui fait que le freudisme est considéré parfois comme une philosophie et parfois comme une science ?

N'y a-t-il pas quelque chose d'autre qui se laisse saisir au travers même de la contradiction ?

Pour V.M. Leïbine, il y a des domaines et des modes différents de la vérité. Il ne s'agit pas de les concilier mais de les admettre dans leur irréductibilité. La vision globale et synthétique de l'homme déborde toutes les analyses auxquelles se livrent les sciences humaines. Il existe une façon philosophique et une façon scientifique d'envisager l'homme, et à chacune de ces façons correspond une forme de psychologie. Finalement, si des contradictions apparaissent, c'est qu'il n'y a pas un regard mais deux regards possibles : le philosophique et le scientifique, le synthétique et l'analytique, assimilés au russe et à l'occidental. V.M. Leïbine nous dirige vers cela à la fin de chacun de ses articles. Si l'oeuvre de Freud représente une vision totale du monde, c'est qu'alors Freud a réussi à introduire en Occident ce qui lui était naturellement étranger. Si, par contre, la psychanalyse se trouve considérée comme une science, alors, elle n'atteint pas ce qui est essentiel pour la Russie, c'est-à-dire tout ce qui peut fonder une nouvelle vision totale de l'homme et du monde. Fondamentalement la critique soviétique de l'époque de la perestroïka est habitée par la reconnaissance de deux façons d'être : celle de la Russie et celle de l'Occident. Cela entraîne sans aucun doute des contradictions, mais cela permet aussi la tolérance vis-à-vis de ce qui a été considéré jusque-là comme étranger.

A la dialectique du maître et de l'esclave succède, pour Leïbine, la dialectique de la foi et du doute (19). Sur cette base d'autres recensions paraissent dans les V.F. Elles rendent compte de quelques ouvrages qui concernent de près ou de loin la psychanalyse. (20)

---

(19) Cf. p. 131.

(20) Je citerai, par exemple :

- dans le n°4 de 1988, l'article de F.T. Mikhaïlov sur le livre de V.D. Topolianski et M.V. Srovkhouskaïa : *"Les maladies psychosomatiques"* - M. Meditsina, 1986, où l'on retrouve les thèmes essentiels rencontrés chez Vygotski : identité du subjectif et de l'objectif, rapport du psychologique et du social...
- dans le n° 5 de 1988, l'article de R.I. Krouglikov à propos de l'ouvrage de P. V. Simonov dont le titre est *"Le cerveau motivé - l'activité nerveuse supérieure et les fondements scientifiques de la psychologie générale"* Ed. Naouka, M., 1987 - qui est une étude dans la lignée de l'école pavlovienne.
- dans le n° 1 de 1989, l'article de I.S. Andreieva sur l'ouvrage de I.S. Kon *"Introduction à la sexologie"* M. Ed. Meditsina 1988, où sont abordés des sujets longtemps considérés comme tabous, telle l'homosexualité, et où se trouve critiquée - à cause de ses conséquences morales - l'idée longtemps considérée comme officielle de l'égalité des sexes.
- dans le n°7 de 1987, l'article de V.I. Kerimov qui concerne la parution en ouvrage de *"L'avenir d'une illusion"*. L'ouvrage s'intitule : *"Le crépuscule des dieux"*. Il comporte aussi des traductions de :
    - E. Fromm : *"Avoir ou être"*
    - F. Nietzsche : *"L'Anti-Christ"*
    - A. Camus : *"Le mythe de Sisyphe"*
    - J.P. Sartre : *"L'existentialisme est un humanisme"*

Il paraît à Moscou, aux Editions Politizdat, en 1989. Kerimov, l'auteur de la *Recension* s'étonne de certaines attitudes et habitudes prises dans

Dans d'autres revues aussi des articles sont consacrés à la psychanalyse. Dans le n°8 de 1989 des *"Sciences philosophiques"* par ex., M. A. Routkevitch parle d'une façon très intéressante de C. Jung et de la modernité. Il édite un ouvrage sur Freud et Heidegger et prépare l'édition des oeuvres de Freud et de Jung.

Dans tous les cas la reconnaissance de soi s'accompagne d'une ouverture à l'autre et la coexistence de la Russie et de l'Occident, en psychologie comme en toute autre discipline, semble être une donnée incontournable de l'époque actuelle.

---

l'édition vis-à-vis des sujets religieux (notamment de "dieu" sans majuscule, mépris vis-à-vis des textes bibliques etc....)

Chapitre 3

La horde de Dostoïevski.

Modèle d'un système social autocratique ?

(Vladimir MARINOV)

"Alors nous leur donnerons un bonheur doux et humble, un bonheur adapté à de faibles créatures comme eux "... "nous prouverons qu'ils sont débiles, qu'ils sont de pitoyables enfants, mais que le bonheur puéril est le plus délectable. Ils deviendront timides, ne nous perdront pas de vue et se serreront contre nous avec effroi, comme une tendre couvée sous l'aile de la mère"..."Notre courroux les fera trembler, la timidité les envahira, leurs yeux deviendront larmoyants comme ceux des enfants et des femmes ; mais sur un signe de nous ils passeront aussi facilement au rire et à la gaieté, à la joie radieuse des enfants. Certes nous les astreindrons au travail, mais aux heures de loisirs nous organiserons leur vie comme un jeu d'enfant, avec des chants, des choeurs, des danses innocentes."(1).

La description de cette humanité puérile et radieuse de céder à la liberté au nom de je ne sais quel bonheur imaginaire, entre les mains d'un grand homme éclairé prêt à se sacrifier pour son bonheur, fait-elle allusion aux utopies sociales qui ont ravagé le XXème siècle ? Non, c'est le Grand

(1) *Les Frères Karamazov*, Paris, Bibliothèque de la Pléiade, 1952, p. 281.

Inquisiteur de Dostoïevski qui parle du fin fond du Moyen-Age espagnol.

La liberté ne serait-elle d'ailleurs pas une tâche encombrante "car, dit-il, il n'y a pas pour l'homme demeuré libre de souci constant plus cuisant que de chercher un être devant qui s'incliner." (2) ?

Pourtant ce personnage historique n'est au niveau du roman *Les Frères Karamazov* qu'une invention littéraire d'Ivan, ce "sceptique cynique" comme l'appelait Freud. Pour comprendre la relation que ce deuxième fils de Fiodor Pavlovich Karamazov entretient avec l'image de ce père idéalisé on ne peut pas faire abstraction de la relation beaucoup plus ambiguë, beaucoup plus sombre qu'il entretient avec son père charnel.

Mais faisons d'abord une courte parenthèse... Trois Russes (3) ont plus particulièrement attiré l'attention de Freud : Dmitri Merejkowski pour son livre "*Le roman de Léonard de Vinci*" mais aussi pour son roman historique "*Pierre le Grand et Alexis*" ; l'Homme aux loups (Serguei Pankeieff de son vrai nom) qui a été peut-être le cas le plus complexe et le plus célèbre, qui ait nourri la théorie psychanalytique du vivant de Freud, mais aussi après sa mort, et enfin Dostoïevski par la capacité "d'illustrer la psychanalyse dans chaque caractère de ses personnages et dans chaque phrase de ses livres." (4) Ces trois Russes sont certes assez différents et ont intéressé Freud pour des raisons diverses. Néanmoins on peut affirmer sans se

(2) Op. cit. p. 275.

(3) Si on fait abstraction des deux femmes également d'origine russe : Lou Andreas-Salomé et Sabina Spilrein.

(4) S. Freud, *Correspondance, 1873-1939*, Paris, Gallimard, 1979, p. 363.

tromper qu'ils possédaient dans son optique un point commun. Tous les trois vivaient et dépeignaient avec une acuité qu'on pourrait qualifier de psychanalytique l'ambivalence des sentiments dans les relations entre père et fils...

Le père essentiellement en tant que Tsar chez Merejkowski, le père comme Loup chez l'Homme aux Loups, enfin le père comme père charnel dans la famille Karamazov. En effet, dans l'oeuvre de Dostoïevski, Freud appréciait surtout *Les Frères Karamazov*, qu'il considérait comme "le roman le plus imposant qui ait jamais été écrit". Tandis que l'épisode du Grand Inquisiteur, qu'on "ne saurait surestimer", lui paraissait "une des plus hautes performances de la littérature mondiale" (5). D'où proviennent ces choix si nets de Freud et ces appréciations si hautes ? Dans une lettre adressée à Marie Bonaparte en 1927 évoquant la question posée par Ivan dans son Grand Inquisiteur à savoir "si l'humanité est capable de profiter de la liberté ou bien si un absolutisme lui serait plus bénéfique", Freud trouve celle-ci insoluble car, affirme-t-il ironiquement "où trouverons-nous la garantie pour la souveraineté" (6) ? Quelques années auparavant, il avait écrit à Stéphane Zweig que Dostoïevski traitait le thème du parricide dans *Les Frères Karamazov* en le fondant sur la théorie analytique de l'équivalence entre l'acte et l'intention coupable. (7).

On croit ainsi apercevoir pourquoi Freud "aimait" tant le Grand Inquisiteur. Cette performance de la littérature mondiale n'est au sein du roman qu'une invention d'Ivan qui se débattait avec le problème de l'équivalence entre son intention coupable et l'acte du

---

(5) Voir S. Freud, "Dostoïevski et le parricide" in *Résultats, idées, problèmes*, tome II, 1921-1938, Paris, PUF, 1985, p. 161.
(6) M. Schur, *La mort dans la vie de Freud*, Paris, Gallimard, 1981, p.480.
(7) Correspondances, p.363.

véritable parricide, son demi-frère, le fils bâtard Smerdiakov.

Ainsi, du même coup, on touche à l'originalité implicite, romanesque, de la vision avec laquelle Dostoïevski interprète les grands moments, les moments traumatiques de l'histoire humaine, vision à laquelle Freud devait être particulièrement sensible.

Car encore une fois, dans le roman de Dostoïevski, ce qui pourrait paraître comme la logique implacable de la marche de l'histoire - arguée dans le discours du Grand Inquisiteur - n'est que la construction, la rationalisation et l'idéalisation d'un homme arrivé au bord de la folie...

Autre façon de dire que les choix politiques ou religieux des “grands hommes” qui font l'histoire sont condamnés à échouer s'ils ignorent la structure profonde des désirs inconscients des individus sur lesquels ils souhaitent avoir prise. Dans cette perspective renversée qui part de l'individu vers la société, l'admiration qu'Ivan porte au Grand Inquisiteur n'est qu'une défense face à des sentiments moins nobles et du même coup plus cachés : les désirs parricides inconscients qu'il nourrit envers son père charnel.

L'idéalisation se met au service du refoulement. Si le Christ du poème se tait et embrasse le Grand Inquisiteur qui le condamne au bûcher comme s'il était hypnotisé par son éloquence, Ivan quant à lui prête main forte, ne fût-ce que de manière inconsciente (à travers des lapsus et des actes manqués), à Smerdiakov dans sa “sale besogne” parricide. Enfin vu du côté du désir des pères, si le Grand

Inquisiteur veut maintenir l'humanité dans un état d'infantilisme en répondant soi-disant à son souhait interne, le vieux père Karamazov rejette ses enfants mâles dès leur plus jeune âge pour éviter qu'une fois arrivés à l'âge de l'adolescence il soit contraint d'entrer dans un conflit sexuel avec eux.

Oedipe Roi, Hamlet, et *Les Frères Karamazov,* "trois chefs-d'oeuvre de la littérature de tous les temps" traitent tous, nous dit Freud, du même thème, le meurtre du père. Oedipe, Hamlet et Ivan Karamazov.

En comparant ces trois chefs-d'oeuvre et ces trois personnages dans son essai consacré à Dostoïevski, Freud insiste sur le progrès dans le refoulement qu'un chef-d'oeuvre réalise par rapport à l'autre, processus qu'il pense à l'oeuvre dans l'histoire de l'humanité (8). Cela est vrai à la limite pour le thème de l'inceste... plus voilé dans *les Frères Karamazov* que dans *Hamlet* ou *Oedipe Roi* mais non pour celui du parricide. Car si Oedipe projette ses désirs inconscients sur la fatalité du destin prédit par l'oracle, Hamlet les projette sur l'acte de l'oncle paternel. Ivan, lui, découvrira ses désirs dans son propre inconscient. Même si cela se produit uniquement à travers la thérapie sauvage que mène avec lui Smerdiakov. Ainsi, avec Ivan, Dostoïevski se place au niveau de la découverte de la réalité psychique en tant que désir inconscient, découverte faite par Freud dans la *Traumdeutung* (1900) soit au moment de la naissance de la psychanalyse. Plus exactement *Les Frères Karamazov* condensent la vision qu'a Freud dans *L'Interprétation des rêves* où il avait parlé du désir de tuer le père, avec sa vision de *Totem et tabou* (1913) où il avait décrit sa mise à mort dans la réalité, car le roman russe est

(8) Ibid. p. 173-174.

justement fondé sur l'équivalence entre l'acte coupable de Smerdiakov et l'intention coupable d'Ivan.

Enfin, à la différence d'*Oedipe Roi* ou d'*Hamlet,* c'est uniquement dans *Les Frères Karamazov* que nous avons affaire au meurtre collectif du père par les frères, c'est-à-dire au scénario décrit par Freud dans *Totem et Tabou.*

"Un père violent, jaloux, gardant pour lui toutes les femelles et chassant ses fils à mesure qu'ils grandissent" (9). Cette description que Freud nous donne de l'état de la horde originaire - comme état d'organisation de l'humanité primitive ainsi que la concevait Darwin - s'applique parfaitement à la nature de la famille des Karamazov et plus particulièrement aux tendances du vieux satyre Karamazov qui se débarrasse le plus vite possible de ses trois garçons pour pouvoir tranquillement organiser des orgies, tandis que plus tard il entrera dans une rivalité sexuelle directe avec son fils aîné Dmitri pour la possession de la même femme, Grouchenka...

Comment se fait-il que la structure de horde décrite par Freud renaisse dans cette société villageoise de la Russie du milieu du XIXème siècle décrite par Dostoïevski ? Est-ce là l'effet du hasard ou quelque chose de plus profond ? (10)

Une des idées majeures du roman préhistorique de Freud, exprimée surtout dans le dernier chapitre intitulé

---

(9) S. Freud, *Totem et Tabou,* Paris, Petit Bibliothèque Payot, 1984, p.162.

(10) Le passage qui suit reprend quelques idées largement développées dans la deuxième partie de mon livre intitulé *Figures du crime chez Dostoïevski*, Paris, PUF, 1990.

"Le retour infantile du totémisme", consiste à mettre en évidence une série d'équivalences symboliques entre : l'enfant (avec ses zoophobies considérées comme un retour infantile du totémisme), le primitif ou sauvage (et Freud s'arrête surtout sur l'aborigène australien), Dionysos (comme paradigme du héros antique qui fonde le conflit de la tragédie), le Christ et le névrosé. Or exception faite d'une absence - l'aborigène australien - et d'un élément en plus - le bâtard parricide - nous trouvons dans le roman dostoïevskien les mêmes équivalences ou associations de fils que dans *Totem et tabou* : Ilioucha, c'est l'enfant phobique ; Dmitri, le sauvage dionysiaque ; Aliocha, le personnage christique et Ivan le névrosé.

Or, toujours à propos de la vie de l'âme de son patient russe l'Homme aux loups - et cela il ne l'avait pas désavoué non plus pour Dostoïevski - Freud écrivait qu'elle permettait une analogie avec la religion de l'ancienne Égypte parce qu'elle "contient les plus anciens dieux et les plus anciennes significations de la divinité à côté des plus récentes, qu'elle étale en surface plane ce qui en d'autres développements devient une formation en profondeur." (11). Peut-on encore douter que le roman dostoïevskien, qui, comme on vient de le voir, présente encore mieux que le cas de l'Homme aux loups un tel étalage en surface des diverses époques historiques, fut évoqué par Freud lorsqu'il imagina sa théorie du refoulement historique à partir d'un état de horde ?

Sans pouvoir entrer dans la complexité assez déconcertante des caractères romanesques présents dans *Les Frères Karamazov* (12), on peut néanmoins souligner les

---

(11) L'Homme au loups, p. 115-116. - cf notre article "Dostoïevski - l'Homme aux loups et les primitifs de Freud" in *Psychanalyse à l'Université,* 1984, un. 36, pp. 621-631.

(12) Voir à ce sujet mon livre *Figures du crime chez Dostoïevski.*

coïncidences temporelles suivantes dans le déroulement du destin des principaux personnages masculins du roman : Ilioucha se meurt de chagrin à cause de l'humiliation qu'a subie son père de la part de Dmitri, et par culpabilité d'avoir causé la mort d'un chien ; Dmitri frappe son père nourricier Grigori, venu à la rescousse du maître, pour décharger son agressivité contre son père charnel, et part ensuite dans le galop frénétique des chevaux d'une troïka pour organiser une fête dionysiaque avec Grouchenka ; Aliocha, sur le point de perdre la foi, parce que le cadavre de son idole, le staretz Zossime, sent mauvais, est lui aussi sur le point de succomber aux charmes de Grouchenka pour renaître ensuite dans la vision des Noces, de Cana ; Ivan, à travers ses lapsus, donne son consentement tacite au valet de son père pour ensuite halluciner l'image d'un méchant démon qui ressemble étonnamment à ce père charnel qu'il avait toute sa vie méprisé et essayé de désavouer. Au même moment Smerdiakov, le bâtard parricide, frappe son géniteur qui le traite en valet, et lui a refusé jusqu'à l'héritage de son nom, se rappelant sans doute la nuit où sa mère fut violée par le satyre attiré par n'importe quel jupon, même lorsque celui-ci s'incarne dans l'apparence quasi monstrueuse de l'idiot du village. Ilioucha ressemble à l'enfant phobique, Dmitri au maniaco-dépressif, Aliocha à l'hystérique, Ivan à l'obsédé, Smerdiakov est à la fois épileptique et possède l'apparence d'un eunuque castré qui ne peut représenter un véritable rival sexuel pour son père charnel.

Le manuscrit de Freud, intitulé *Vue d'ensemble des névroses de transfert*, qui devait être un complément au dernier chapitre de *Totem et tatou* en même temps que le douzième essai métapsychologique, traite de l'origine préhistorique des psychonévroses et des névroses narcissiques : on y retrouve une répartition analogue des catégories de la nosologie psychanalytique autour de l'événement du meurtre du père. (13). Au-delà de ses fondements scientistes, une des idées intéressantes de cet essai consiste dans l'analyse de la manière dont l'intention coupable bascule dans l'acte coupable au point de basculement de la névrose dans la psychose. Mais entre les deux fantaisies préhistoriques de Freud et le roman dostoievskien, il existe aussi des différences qui valent la peine d'être mentionnées.

Ainsi les personnages qui osent le plus hardiment lever leur bras contre leurs pères - Dmitri frappe à la fois son père charnel et son père nourricier, Smerdiakov tue son géniteur - sont en proie à une ambivalence affective qui dépasse de loin la relation avec le père. Dmitri abandonné à trois ans par sa mère se trouve dans une dépendance financière écrasante devant sa fiancée, une vierge guerrière qui veut devenir l'instrument indispensable de sa résurrection morale, tandis que Smerdiakov qui "a déchiré les entrailles de sa mère lors de sa naissance se trouve marqué par son nom comme au fer rouge d'une origine invivable..."

A défaut de la distance que le nom de son père pourrait engendrer, par une métaphorisation de l'acte de sa naissance, Smerdiakov reste attaché à la compulsion de répétition d'un engendrement bestial et d'une naissance criminelle qu'il va ensuite rejouer dans son acte parricide. Mais la vision existe une autre différence implicite entre les visions freudienne et dostoïevskienne.

Comme on l'a vu pour Ivan, Alioucha et Ilioucha, la mise à mort du père diabolique qu'est Fiodor Pavlovich est indissociable du rabaissement d'un père idéalisé : que ce soit

---

(13) Voir "Vue d'ensemble des névroses de transfert" in S. Freud, *Oeuvres complètes*, vol. XVIII,Paris, PUF, pp. 279-301.

le Grand Inquisiteur, le staretz Zossime ou le capitaine Sniéguirov... On pourrait presque dire que pour une humanité constituée qui possède une scène intra-psychique et une sexualité qui se développe en deux temps, la mise à mort du père idéalisé (ce qui sur le plan ontogénique correspondrait au fameux père de la préhistoire individuelle dont parle Freud dans le "Moi et le ça" [14]) précède en quelque sorte la mise à mort du père de la horde qui est toujours un père diabolique.

Avant de découvrir le langage de passion des adultes, l'enfant leur attribue par projection son propre langage de tendresse, pour reprendre la célèbre formule ferenczienne [15]. En même temps que Smerdiakov, qui porte le nom de sa mère Smerdiachaïa qui signifie en russe "la puante", frappe Fiodor Pavlovich, qui attend avec une impatience fébrile l'arrivée de Grouchenka, Aliocha est déçu par l'image de son idole dont le cadavre commence à sentir mauvais et Ilioucha découvre la lâcheté de son père. Tandis que le diable d'Ivan, qui ressemble tellement à son père charnel, va, dans le dialogue hallucinant qu'il entretient avec celui qui veut rejeter toute ressemblance avec son géniteur, se moquer d'une façon atroce des mobiles soi-disant altruistes du Grand Inquisiteur...

A la lumière du roman dostoïevskien on comprend ainsi mieux pourquoi Freud a considéré le surhomme de Nietszche, mais aussi certains chefs de foules artificielles (c'est-à-dire des foules possédant un chef) comme étant des héritiers de pères de horde [16]. Apparemment les premiers se distinguent des seconds car ils n'entrent pas dans un

---

(14) S. Freud "Le Moi et le ça" in *Essais de psychanalyse,* paris, Petite bibliothèque Payot, 1981, p. 243.

(15) S. Ferenczi "Confusion de langue entre les adultes et l'enfant" in *Psychanalyse 4, Oeuvres complètes*, tome IV, p. 125-139.

(16) Voir "Psychologie des foules et analyse du moi" in *Essais de psychanalyse,* op. cit. p 191-193.

conflit sexuel manifeste avec leurs sujets et ne désirent point les réduire à l'impuissance, mais veulent uniquement capter leur conscience en se mettant, comme Freud le suggère dans *Psychologie des foules et analyse du moi*, à la place de leur Idéal du moi. (17)

Néanmoins, qu'ils essayent d'intimider leurs sujets par une puissance sexuelle démesurée qui inhibe la leur ou qu'ils essayent de capter leur conscience à travers l'adhésion à un idéal imposé en quelque sorte par le haut, le résultat est peut-être moins contrastant qu'à première vue. Fiodor Pavlovich en tant que père de horde semble ne rien craindre davantage que la possibilité que ses fils fondent une famille et deviennent à leur tour des pères. Même si le Grand Inquisiteur promet à la foule soumise la possibilité de procréer, cette procréation ne se réalisera que sous son contrôle et en quelque sorte en son nom, de façon que leur progéniture puisse à son tour servir sa cause. Ainsi ses sujets seront de faux pères avec une fausse puissance, car symboliquement c'est lui qui possédera toutes leurs femmes et accaparera tous leurs enfants.

Voici donc quelle serait une des leçons les plus importantes du roman dostoïevskien. Pour une humanité déjà constituée, la soumission à un meneur de foule autocratique qui prend l'aspect d'un père idéalisé tend à se doubler, dans l'inconscient de ses sujets (et parfois dans son propre inconscient) d'une confrontation avec l'image d'un père diabolique, avec un père de horde... L'image "sublime" du Grand Inquisiteur cache l'image grotesque du vieux Karamazov. Ainsi, si l'image d'un père de horde "subsiste dans l'inconscient de l'humanité", comme le pensait Freud, ce n'est pas à cause de je ne sais quelle conservation des schémas phylogéniques transmis héréditairement, mais c'est tout simplement parce que le plus souvent au niveau de la

---

(17) Ibid. pp. 177-181.

psychologie individuelle le processus d'idéalisation s'accompagne d'un processus de refoulement.

Le relation hypnotique "désexualisée" que le Grand Inquisiteur tend à imposer à ses sujets en captant leur conscience et en se mettant à la place de leur idéal du moi se double dans l'inconscient d'une tendance vers une rivalité sexuelle sans merci.

D'ailleurs dans son énumération du pain, de l'épée de César et du miracle comme éléments qui pourraient fonder le bonheur de l'humanité, le Grand Inquisiteur n'oublie-t-il pas justement de rajouter l'importance des relations amoureuses qui circulent au sein des grandes communautés humaines ?

Ainsi, que ce soit par le biais des bas désirs d'un père de horde ou à travers les hauts desseins d'un chef de foule idéalisé, le but poursuivi semble être le même : conquérir une humanité aplatie qui ne possède plus d'épaisseur, plus de mémoire, plus d'inconscient, avec des adultes qui n'ont pas eu d'enfance et des enfants qui sont censés ne pas grandir. Comment faire table rase de l'inconscient ou le décharger dans la frénésie d'une foule qui dissout les mois particuliers des individus qui la composent ?

On comprend mieux peut-être à la lumière de ces considérations, et cela grâce à la comparaison entre la horde de Freud et la horde de Dostoïevski, pourquoi, au-delà de ses rationalisations scientistes, l'état de horde décrit par Freud garde tout son pouvoir évocateur, et cela surtout au XXème siècle que certains ont considéré comme représentant un Age des foules (18). Mais à travers cette perspective, *la horde originaire de Freud ne représenterait pas une structure sociale existant dans le présent ou dans le passé, mais uniquement le point de mire cauchemardesque d'une*

---

(18) Voir S. Moscovici, *L'Age des foules*, Paris, Fayard, 1981.

humanité aplatie, constituée d'individus qui auraient cessé d'avoir un conflit intrapsychique vers lequel tendrait tout système autocratique, toute foule artificielle conduite par un tyran. Elle représenterait moins une structure sociale manifeste [19], que le fantasme latent qu'un tel système peut engendrer à travers ses répressions, ses rationalisations, ses idéalisations ou ses refoulements.

---

[19] Encore que la polygamie manifeste des souverains des tribus ou des peuples a souvent pris corps dans l'histoire.

TROISIEME PARTIE

LA NÉCESSITÉ DE L'ÉPISTÉMOLOGIE

Chapitre 1

Pourquoi une approche épistémologique est-elle nécessaire ?

(N. Avtonomova)

Pourquoi une réflexion sur "épistémologie et psychanalyse" est-elle ressentie comme une nécessité dans la Russie actuelle? Quel en est l'enjeu historique, philosophique et social ? Plus généralement, que peut-on attendre de la psychanalyse aujourd'hui en Russie ? Telles sont les questions qui introduisent notre débat.

La situation présente est la détresse, l'angoisse, la perte de tous les repères qui permettent de vivre. Chacun a le sentiment que la vieille maison est détruite et que la nouvelle n'existe pas encore, pas même à l'état d'ébauche. On manque de points d'appui dans la quête d'une identité personnelle, la redéfinition des appartenances à un groupe, un peuple, une nation. Ces difficultés se multiplient et s'aggravent si l'on se rend compte qu'il ne s'agit pas d'une situation transitoire. L'incertitude à l'égard de l'avenir est plus globale et fondamentale. On comprend qu'il n'y a pas de changements réels des structures de gestion et d'administration, et que le poids des erreurs passées grève le présent. Nul ne sait où l'on va ni comment arriver là où il semble nécessaire d'aller.

En feuilletant les piles de journaux et revues russes, on est frappé par la persistance de questions qui restent sans réponse. "Combien coûte le spécialiste ?" - "Comment devenir riche ? L'étranger peut-il nous aider ? Comment des aveugles peuvent-ils mener des aveugles ?" Certaines reprennent la fameuse phrase que le jeune Lénine prononça après la condamnation à mort de son frère aîné pour apaiser sa mère : "Nous prendrons un autre chemin". Dans un journal, un dessin satirique représente trois hommes portant un rondin ; le premier va dans une direction, et les deux autres, censés le suivre, dans la direction opposée. L'économie de marché n'est pas encore établie qu'elle est déjà un mythe suscitant un espoir hyperbolique.

Peut-on imaginer, après Tolstoï et Berdiaev, une glorification des principes qui marquent l'époque de Dickens et Oliver Twist, avec toutes les souffrances liées à l'accumulation primitive du capital ? Et qu'est-ce qu'un marché "libre" sans le respect des contrats mutuels, sans un travail honnête et assidu ?

La haine du communisme mène les gens à la destruction des idoles et des monuments, mais n'a pas empêché le développement de nouveaux mythes. La situation sociale favorise toutes les formes de mystification, de croyances aveugles, d'espoirs irraisonnés en de nouvelles idoles. La xénophobie est affaiblie, mais l'ethnocratie ne fait que croître et embellir. Le totalitarisme soviétique n'existe plus, mais de petits totalitarismes locaux se développent. Au niveau psychique, on voit apparaître une thématique symptomatique : idées de persécution, sentiment d'être une victime, rédemption des péchés, etc.. Le père renie le fils, le fils renie le père. Une désécularisation se fait jour : religion et mythe redeviennent des valeurs culturelles de premier plan. Tel est le climat dans lequel s'effectue la réception de la psychanalyse dans la Russie actuelle.

La sexualité est exhibée dans la publicité et les médias, et les groupes politiques opposés s'accusent mutuellement d'avoir favorisé la liberté sexuelle. Ayant perdu tout repère, qu'il vienne du prêtre ou du komsomol, manquant d'expérience culturelle d'une liberté sexuelle, les jeunes sont coincés entre le cynisme et l'hypocrisie, malheureux et perdus dans les deux cas. L'apathie sociale peut amener des conséquences imprévisibles.

La psychanalyse est-elle un recours devant tous ces symptômes d'un mal-être social et personnel ? Il faut d'abord situer sa place et sa représentation dans la société russe actuelle.

L'histoire de la psychanalyse en URSS est assez douloureuse. Il y eut une période féconde (dans les années 1910-1920) où furent introduites les oeuvres de Freud, et créée une association psychanalytique. Enseignement, recherche, création artistique en furent stimulées. Juste après la révolution de 1917, on voyait en la psychanalyse un des moyens de résoudre les problèmes de construction de la nouvelle société, en libérant l'énergie psychique et physique de l'individu bloqué par le refoulement, en stimulant l'esprit créatif. Dans les années 1930, l'accent idéologique change : ce n'est pas l'individu, mais la société qui joue un rôle dominant dans un rapport de conflictualité-complémentarité. Au début de la révolution, l'individu était le point de repère : il fallait changer la société si elle empêchait le développement de l'individu. Vers les années 1930, l'ordre des valeurs s'inverse : c'est l'individu qui doit se conformer aux besoins de la société. La psychanalyse, avec ses préoccupations pour l'individu, n'avait pas de place dans les plans quinquennaux. En fait - de récentes recherches nous l'ont montré - il n'y a pas eu véritablement de "martyr" de la cause psychanalytique, mais plutôt une réorientation de ses adeptes vers la neurophysiologie ou la pédagogie. Puis, c'est la période de silence qui va durer jusqu'à ces dernières années. On assiste aujourd'hui à une reviviscence de la psychanalyse ; les travaux de Freud et d'autres sont publiés. Il n'y a plus d'obstacles extérieurs au développement et à l'expansion d'une pratique psychanalytique. Est-ce génération spontanée ? Création *ex nihilo* ? Renaissance soudaine de l'époque glorieuse ? Ce serait une vision un peu schématique.

Depuis la fin des années 1960, en effet, des signes d'un renouveau d'intérêt pour les problèmes de l'inconscient et de la psychanalyse sont apparus ; en dépit des obstacles et difficultés opposés par les structures officielles, c'est ce renouveau d'intérêt qui a permis la tenue - en 1979 - d'un congrès à Tbilissi sur les formes inconscientes de l'activité psychique. Trois cents philosophes, psychanalystes, psychologues venus de 17 pays s'y rencontrèrent. On discuta de la nature, des fonctions et méthodes de l'investigation de l'inconscient. Les travaux en furent recueillis dans quatre volumes d'actes, et surtout ce fut le début d'un dialogue Est-Ouest.

Néanmoins, les conditions de possibilité d'un travail psychanalytique concret n'existaient pas encore. On constate avec étonnement que dans la décennie suivant Tbilissi, ce sont presque exclusivement des philosophes qui publient sur le thème de l'inconscient : F. Veïev, A. Dimitriev, M. Popova, N. Popova, A. Routkevikh, M. Kelner, M. Tarassov, V. Leïbine et d'autres. Les relations de ce mouvement avec la psychanalyse sont ambiguës, et même aujourd'hui l'intérêt pour l'inconscient reste un peu périphérique - en marge de la psychologie - ce qui mérite discussion.

Une période nouvelle s'ouvre aujourd'hui pour le destin de la psychanalyse en Russie. Il ne s'agit pas seulement de la publication des oeuvres de Freud, mais de la possibilité d'une pratique. Une association psychanalytique s'est recréée, et rattachée à l'IPA. Pour le moment, on assiste à un bouillonnement assez éclectique de toutes les tendances dans l'élaboration d'enseignements et de formations. C'est davantage une période d'extension ou d'expansion que d'approfondissement. Mais on peut espérer qu'une autre étape suivra, permettant approfondissement et découvertes.

Qu'espère-t-on de la psychanalyse ? Plusieurs orientations peuvent être définies.

Il y a d'abord les approches qui soulignent la vertu thérapeutique de la psychanalyse : celle-ci est placée un peu du côté des "miracles", parmi d'autres pratiques thérapeutiques telles que l'hypnose ou des thérapies non traditionnelles.

D'autres voient en la psychanalyse un moyen d'accéder à la compréhension des processus sociaux : on trace des parallèles entre l'Œdipe biologique et l'Œdipe social, entre les mécanismes assurant l'autorité du père dans la famille et ceux qui garantissent l'autorité du leader dans la société. On recourt à la psychanalyse pour comprendre les causes psychologiques du culte de la personnalité et la complicité générale dans les mécanismes du pouvoir totalitaire. On insiste sur une relation entre la transparence (*Glasnost*) et la psychanalyse qui, elle aussi, utilise la force libératrice du langage. La psychanalyse devient ainsi l'instrument de la *Glasnost* et de la *perestroïka,* une condition de leur possibilité, un outil pour les changements démocratiques.

Précisons toutefois que ce n'est pas une opinion de masse, le point de vue de "l'homme de la rue", mais plutôt celui d'intellectuels.

Ces liaisons semblent plus séduisantes que convaincantes. Une recherche plus patiente, moins spectaculaire, mais, en fin de compte, plus sûre serait l'investigation des relations entre psychanalyse et épistémologie. Le terme même d'épistémologie peut sembler archaïque, trop traditionnel, mais la chose ne l'est pas. Il nous semble qu'en prenant appui sur la psychanalyse comme savoir et relation au savoir - relation au savoir qui entre dans les structures et mécanismes du savoir lui-même - l'approche épistémologique peut être élargie.

C'est à travers la recherche des conditions sociales de l'existence et de la diffusion de la psychanalyse qu'on peut analyser les mécanismes éthico-pratiques, politiques et autres. C'est dans le cadre d'une telle approche qu'on peut se former une image plus juste et, en tout cas, moins fantaisiste de la psychanalyse comme unité complexe et paradoxale, ayant des fonctions différentes et même contradictoires, mais complémentaires.

L'insistance exclusive sur l'un ou l'autre de ses aspects serait insuffisante : si l'on ne voit que les vertus thérapeutiques de la psychanalyse, on ne verra pas que les patients qui viennent avec une demande de conseil, de direction immédiate et concrète de leur vie, ne sont pas prêts dans la plupart des cas à un changement de leur rapport à eux-mêmes.

Si l'on insiste sur la capacité du langage psychanalytique à servir une politique de *glasnost*, on va trop vite, on surestime les capacités du discours et du langage dans leur fonction explicative et libératrice. Plusieurs réserves peuvent être formulées : le langage n'est jamais "neutre", mais toujours investi par les forces et l'idéologie d'une époque. Il peut être utilisé non pour la conceptualisation, mais comme une sorte de symptôme (vomir les mots). Enfin, il y a des niveaux prélangagiers où le changement peut intervenir par d'autres mécanismes.

L'approche épistémologique de la psychanalyse me paraît d'autant plus importante que celle-ci est réintroduite dans un contexte où dominent le refoulement et le refus de toute approche objective, qualifiée d'objectiviste. C'est un détournement des visées de Freud qui voulait que la psychanalyse réponde aux critères de la science de son époque. Inversant la formule d'Althusser, on pourrait dire que l'époque se caractérise par son "humanisme antithéorique". On tend à dissoudre l'activité dans la conscience, la conscience dans l'expérience, l'expérience dans l'innommable et l'irreprésentable ; l'enjeu est de savoir si on peut inclure la psychanalyse dans le cadre d'une pensée rationnelle.

Une autre raison de mon insistance sur l'importance d'une approche épistémologique est peut-être plus spécifique. Elle semble indispensable pour s'orienter dans l'histoire de la psychanalyse, connaître les tenants et aboutissants, les causes et les conséquences. Les ouvrages apparaissent simultanément sur notre scène culturelle, sans que l'ordre de succession historique soit connu ; articuler un peu tout cela est nécessaire.

Une approche épistémologique éclaire les interdépendances et relations entre inconscient et langage. Définir le rôle du langage dans les processus psychiques n'empêche pas de reconnaître les possibilités de libération et d'émancipation individuelle à l'égard de la répression et du refoulement. Ce n'est pas nier le rôle du langage dans ces changements.

Un autre aspect du même problème serait l'étude des liaisons entre histoire individuelle et histoire sociale. Peut-on parler de la remémoration comme ce qui détermine l'efficacité thérapeutique de la psychanalyse ? Y a-t-il équation entre l'accès à la mémoire et l'émancipation de l'âme et du corps ? On dit parfois que se souvenir de tout empêche de comprendre. Les mécanismes de l'oubli sont tout aussi importants que ceux de la mémorisation. La conscience se présente alors comme le résultat d'une sélection. Les relations entre la mémoire et le langage sont complexes. Un seul terme désigne parfois différents ordres de phénomènes entremêlés. On peut supposer que dans l'inconscient il y a différents niveaux, et que toutes les couches ne sont pas également ouvertes au travail psychanalytique ; par exemple les rapports sociaux ont leur propre spécificité, distincte du niveau biologique (prélangagier) ou psycho-familial. Il me semble qu'une approche épistémologique nous permettrait de mieux cerner les particularités et les mécanismes les plus généraux de l'inconscient et leurs rapports mutuels. Cependant, les résultats peuvent diverger selon le point de vue choisi. Lorsque l'on envisage la psychanalyse comme pratique thérapeutique ou comme mode de connaissance, on entre dans tel ou tel ordre de phénomènes. Mais si on la prend en compte dans la totalité de ses fonctions - et particulièrement le rapport au savoir - la psychanalyse lance un défi à toutes les formes de connaissance existantes, en ce qu'elle les problématise et stimule d'une certaine façon leur développement. Voici près d'un siècle que la psychanalyse défie toutes les formes de connaissance constituées. Elle reste énigmatique mais pousse au changement, à l'enrichissement et à l'auto-compréhension dans les autres domaines du savoir. Par exemple, la rencontre avec la psychanalyse a été le moteur de changements dans la philosophie des sciences. La rencontre de Popper avec la pensée de Freud, ainsi d'ailleurs qu'avec la psychologie d'Adler et la théorie marxienne de l'histoire, est à cet égard très éloquente. On peut discuter la lecture que Popper fait de Freud, mais c'est cette lecture qui l'a incité à établir dans la philosophie des sciences le mécanisme de relativisation des contextes de la science et de la non-science. Ce phénomène à son tour a produit des effets d'inertie dont les prolongements sont encore visibles à l'heure actuelle.

Ainsi la psychanalyse a joué un rôle décisif dans la mise en place des fondements de la philosophie des sciences contemporaines, du fait même qu'elle n'entre pas dans des schémas cognitifs pertinents pour les sciences de la matière, parce que produisant des énoncés qui ne peuvent être ni confirmés ni rejetés selon les critères de ces sciences. C'est une longue histoire qui a commencé de la façon suivante : ou l'on nie la validité scientifique des énoncés psychanalytiques, ou l'on élargit et affaiblit les frontières entre science et non-science.

Si la psychanalyse ne répond pas aux critères des sciences "dures, faut-il, avec la phénoménologie ou l'herméneutique, dire que c'est le trait fort de la psychanalyse de ne pas être une science ? Cependant, la psychanalyse lance également un défi au courant herméneutique en montrant le manque d'évidence pour la conscience. Elle montre la voie de la réflexion concrète faite par le cogito blessé (auquel manquent toutes les certitudes et évidences de la conscience). Ainsi Ricoeur a-t-il été amené à l'idée d'une parole mixte de Freud, dans laquelle ordre des causes et ordre des motivations seraient entremêlés. En ce sens, la psychanalyse se présenterait comme une forme herméneutique de la culture, dont la fonction serait la compréhension et l'élucidation du tragique humain (on apprend par la souffrance).

Au cours des dernières décennies, ces deux positions se sont affrontées avec un mutuel enrichissement, dans la mesure où chacune prend en compte la position adverse.

Voici un exemple des difficultés épistémologiques concernant la psychanalyse, la définition et la découverte des faits psychanalytiques. Il explique aussi les insuffisances d'une classification de la psychanalyse parmi les sciences "dures" ou parmi les sciences herméneutiques. Les "faits" en psychanalyse ne sont ni les faits "atomiques" selon le positivisme, ni les faits narratifs du courant herméneutique. Ils sont construits sur différentes scènes, dans différents espaces-temps :

1 - les premières traces de l'événement "traumatique" ne créent pas encore le trauma ;

2 - c'est la répétition de l'événement qui produit le trauma et crée un deuxième refoulement ;

3 - c'est dans le cadre du transfert que ces événements peuvent être reconstitués et perçus comme tels.

C'est à cause de cette construction graduelle qu'aucune "vérification" des faits psychanalytiques n'est possible. On peut aussi penser, me semble-t-il, que cette structure polyspatiale et polytemporelle, avec le mécanisme de la double "réflexion", nous indique assez nettement la spécificité de la réalité psychanalytique relativement aux autres types de réalité (physique, et même psychologique...).

Ces étapes de la construction des faits psychanalytiques sont dans une certaine corrélation avec les différentes formes ou niveaux de l'inconscient que l'on rencontre dans les cadres de la réalité psychanalytique. Tout cela nous empêche encore une fois de voir en l'inconscient une chose en soi. L'inconscient est un quasi-objet, objet qui ne peut être saisi qu'indirectement. Sa spécificité n'est pas seulement la pluridimensionnalité, voire "l'hétérogénéité" interne. Elle consiste aussi en quelque chose d'autre : l'inclusion, à l'intérieur de soi-même, de la relation à soi-même. En termes épistémologiques, cela signifie que la relation au savoir est incluse dans le savoir psychanalytique lui-même.

En Russie, les discussions tournent autour de la sempiternelle question : "Qu'est-ce que la psychanalyse ?" Pour les uns, la psychanalyse est une nouvelle philosophie qui peut prétendre remplacer les schémas idéologiques marxistes. Pour d'autres, la psychanalyse est plutôt une nouvelle pratique sociale qui change notre relation à la vie, au savoir, au devoir ; elle pourrait être ainsi classée parmi d'autres pratiques existentielles. Pour d'autres encore, la psychanalyse est une science au même titre que la physique. Évidemment, il y a du vrai dans toutes ces affirmations ; il y a dans la psychanalyse de la pratique existentielle, du savoir, de la philosophie, etc. Il y a dans la psychanalyse un vrai savoir (avec les généralisations nécessaires) mais, en même temps, quelque chose qui résiste à toute généralisation. Il y a en elle de la pratique libératrice et émancipatrice - c'est cette possibilité qui est particulièrement précieuse pour nous en ce moment - mais aussi un danger que les schémas psychanalytiques puissent se figer et s'ériger en constructions idéologiques. Ce danger est assez sensible dans le contexte irrationnel qui est actuellement le nôtre. Mais c'est un risque à prendre, à condition de ne pas perdre de vue quelques repères épistémologiques. Les schémas psychanalytiques peuvent montrer leur fécondité (comme d'ailleurs leurs limites) dans le vaste domaine des sciences de l'homme et de la société : voir des phénomènes encore inaperçus, désigner des choses qui n'avaient pas encore de nom, mieux comprendre ce qui échappait encore à la compréhension.

Michèle Bertrand

En ouvrant le débat sur le thème : épistémologie et psychanalyse, N. Avtonomova a proposé trois pôles de discussion :

1 - Quel est le statut de la psychanalyse à l'égard des sciences "dures" ? Peut-on la définir comme une science parmi d'autres ?

2 - Quelle liaison établir entre remémoration et oubli, travail de l'historien et travail du psychanalyste ?

3 - Quel rapport enfin existe-t-il entre histoire propre et histoire sociale ?

A la première question, J. Gagey apporte une contribution en proposant d'aborder "Quelques aspects dialectiques de la démarche freudienne". Sophie de Mijolla-Mellor reprend plus particulièrement la seconde, par des remarques épistémologiques au sujet d'un rapprochement entre histoire et psychanalyse. Enfin, N. Avtonomova elle-même, par une réflexion sur la psychanalyse comme connaissance de l'histoire propre, achève ce tour exploratoire.

Sans doute l'échange entre chercheurs français et chercheurs russes ne fait-il là que commencer ; d'autres rencontres suivront. Il nous a paru utile et culturellement important de l'ouvrir au niveau même où il se posait, dans la différence de nos interrogations. Les sociologues de l'avenir pourront en dire rétrospectivement la signification dans l'histoire de nos cultures et de nos sociétés.

Chapitre 2

Quelques aspects dialectiques de la démarche freudienne

(Jacques Gagey)

Il y a des actes de pensée. Ils sont producteurs d'objets. Ces objets intelligibles circonscrivent, prolongent, renversent les objets syncrétiques, les choses, de nos pratiques spontanées. Ce sont des découpes dans le touffu de ces pratiques. Ils sont à référer aux vecteurs d'intelligibilité ou catégories dont procèdent ces découpes.

De cet axiome kantien la réflexion philosophique, confrontée à la pluralité des disciplines scientifiques, a déduit que chacune de ces disciplines est à comprendre comme la suite ouverte des actes de pensée référés à un même style d'intelligibilité, et que s'impose de repérer les différentes épistémès entre lesquelles se trouve ainsi partagé le champ de la rationalité.

Comment dès lors ne pas tenir pour bienséant le fait de nous réunir, comme nous faisons aujourd'hui, pour traiter de l'épistémologie de la psychanalyse ?

C'est peut-être aller un peu vite en besogne.

Passer de la philosophie critique et de son évidence de base selon laquelle il n'y a pas de concepts abstraits sans catégories abstrayantes, à la conviction que c'est une pluralité de jeux catégoriels qui préside à la diversification des disciplines et que l'épistémologie pourrait se faire exister sous les espèces d'une pluralité de chapitres distincts, le glissement, pour familier qu'il soit devenu, mérite qu'on y regarde de près.

Parler d'épistémès au pluriel, porter la disparate des différentes disciplines sur le devant de la scène, c'est rendre problématique ce qu'il en est de la rationalité. S'accordera-t-on à tenir qu'en effet l'idée de rationalité n'a pas de sens, et qu'il faut se contenter d'inventorier ce qui se passe ici et là ? Mais c'est convenir qu'il n'y a pas d'épistémologie, tout au plus des méthodologies. Et encore ! Que sont ces méthodes dont on n'est plus en mesure de rendre compte de l'intelligibilité qu'elles déploient ? Sur quelle base peut-il y avoir accord pour "enterrer" l'idée de rationalité ? Force est d'en convenir, la saisie simplement descriptive de la diversité des épistémès est impossible ; cette diversité ne peut devenir objet de pensée que replacée sur l'horizon d'un continuum sur lequel en jouent les scansions constitutives, l'épistémologie donc n'existe qu'à faire paraître l'unité des disciplines par delà le feuilleté de leurs épistémès.

La philosophie des sciences sait cela, elle conçoit bien comme étant sienne la tâche, certes complexe, de faire une histoire rationnelle de la rationalité, de dresser le tableau de la genèse buissonnante des épistémès, de tirer au clair les liens de filiation qui les unissent. Mais en sortant de Charybde elle tombe aussitôt dans Scylla. Il y a en effet un paradoxe certain à ce que l'analyse légitimant la spécificité d'une discipline requière que celle-ci soit rationnellement replacée dans la continuité du mouvement de la rationalité. Il est généralement masqué par le fait que des scientifiques "de pure souche" s'arrangent assez bien du brouet d'histoire et de philosophie des sciences qui leur est servi sous la rubrique épistémologie et à la composition duquel ils ont largement contribué.

S'agissant de la psychanalyse les choses ne se présentent pas sous les mêmes auspices. Disposée à étendre sa juridiction sur les autres sciences - l'article de Freud "Die Interesse an der Psychanalyse" en fait foi - la psychanalyse est plutôt prompte à se vouloir protéger de toute approche qui ne lui soit pas foncièrement intérieure. On sait en quelle mésestime Freud tenait les "philosophes". Cette mésestime ne lui est pas propre. Elle a pour une bonne part été reçue en héritage par ses successeurs. Qu'on en juge par les conflits soulevés par la parution du livre de Ricœur. La plupart l'ont hautement désapprouvé et ressenti comme donnant une interprétation herméneutique inacceptable de la démarche analytique, alors que son analyse de l'Entwurf, une des premières analyses approfondies données en France, l'amène à des conclusions fort différentes. Certains lui ont trouvé quelque mérite, mais l'ont tout aussitôt accusé de plagiat.

Les susceptibilités des psychanalystes ne sont pas à comprendre comme des réactions caractérielles, tributaires en tant que telles d'une explication psychologique, sociologique et pourquoi pas psychanalytique. Elles ne sont pas non plus à recevoir comme l'expression d'une hostilité de principe à l'entreprise épistémologique. Comment d'ailleurs cela se pourrait-il ?

La réflexion épistémologique n'est pas le fait d'une sorte de cosmothéoros de la rationalité venant faire la loi là où il n'est pas attendu. Elle s'enracine dans les exigences internes des disciplines et donc de la psychanalyse. De même que chaque état se doit d'assujettir son développement interne à la perspective d'une communauté qui le dépasse, et dont il se donne une certaine représentation, de même chaque discipline se sait en devoir de se comprendre et de fonctionner dans un certain rapport à l'ensemble virtuel dont elle se distingue et auquel elle appartient, parce que c'est très exactement en cela qu'elle est une discipline et pas un simple système de croyances. Autrement dit, chaque discipline, comme chaque état, se sait en nécessité de se donner une politique étrangère, une dimension de réflexivité épistémologique et se la donne en effet.

De fait le souci d'une politique étrangère pour la psychanalyse n'est nullement étranger à Freud. Il présuppose bien que rationalité il y a. Il affirme bien que la psychanalyse en tant que science de l'inconscient en fait partie, même s'il tient dans le même temps que le dispositif de la psychanalyse n'est pas pour autant confusible avec celui de la physique ou de la médecine (ce qu'il traduit en proférant que la psychanalyse "fara da sè"). Il se sait donc bien en charge d'expliciter la continuité/discontinuité qui tout à la fois unit et sépare la psychanalyse et les sciences de la nature et il tente de répondre à cette obligation en soulignant à maintes reprises son allégeance à l'expérience et à la méthode hypothético-déductive.

Reste que les éclaircissements par lui fournis nous laissent perplexes, reste que cette perplexité est à la racine de notre interrogation présente. Disons-le crûment : s'interroger sur l'épistémologie de la psychanalyse c'est impliquer qu'il faut à la psychanalyse une autre politique étrangère que celle schématisée par Freud.

C'est là que le bât blesse.

Beaucoup de psychanalystes, conscients eux aussi de la faiblesse de l'argument freudien, s'interdisent pourtant de concevoir une autre politique étrangère (et plus encore de se laisser aider du dehors à ce sujet). Obscurcissant alors jusqu'à l'effacer parfois leur conscience d'appartenance à la rationalité, ils positionnent leur discipline comme faisant essentiellement rupture. Au mieux acceptent-ils de la justifier par une empiricité clinique débordante, l'exposition d'un matériel abondant (et parfois remarquable) étant censée suppléer à l'explication du raisonnement selon lequel il est traité ou à traiter. Résultat des courses : il est interdit de penser la psychanalyse autrement que sous les espèces d'une hagio-biographie de la découverte freudienne.

On peut excuser ce repli frileux. Comme le disent élégamment les juristes, "le mort saisit le vif", il fait ses successeurs héritiers de ses biens mais aussi de ses obligations. Il n'est donc pas facile de se dépendre des querelles de Freud avec la culture, fussent-elles mal fondées, en l'occurrence de dénouer ce noeud où s'intriquent d'une égale vigueur certitude de continuité rationnelle et conscience de discontinuité radicale.

Il le faut cependant pour que la psychanalyse se positionne bien dans ses tensions opérant au sein de la culture et pas dans une extériorité qui l'exténue.

On peut y contribuer en manifestant par des exemples bien choisis que la psychanalyse ne se perd pas à commencer ici ou là avec d'autres disciplines, avec la biologie, avec l'histoire... Il faut aussi attaquer de front ce blocage, quitte à devoir assumer pour cela une lucidité exigeante.

Parler épistémologie de la psychanalyse, c'est renoncer à faire des résistances que soulève par définition tout ce qui a trait au dévoilement de l'inconscient motif de penser que ce dévoilement n'est pas oeuvre de raison. Parler épistémologie de la psychanalyse, c'est refuser de s'en remettre au fameux "verum index sui" cher à Spinoza, ne pas tenir que la pratique analytique enveloppe l'aperception de son évidence, développe une conscience de véracité qui se suffirait à soi. Parler épistémologie de la psychanalyse, c'est chercher dans des manières de raisonner, pour partie au moins héritées, plus que dans des circonstances, les sources de la fécondité psychanalytique. Parler épistémologie de la psychanalyse, c'est redonner aux concepts de la métapsychologie sens et fonction de catégories. Bref, parler épistémologie de la psychanalyse, c'est se donner, par delà le fameux "retour à Freud", assurément significatif en son temps, un nouveau mot d'ordre "penser la psychanalyse dans la culture".

Je n'ambitionne pas, bien entendu, d'accomplir ici la tâche qu'il prescrit d'élaborer, ce qui du mouvement de la rationalité a rendu possible la clinique de la souffrance psychique qu'instaure la psychanalyse. Je vous propose seulement de suivre à titre indicatif une première piste, celle qui consiste à interroger la façon dont Freud s'inscrit dans le mouvement au détour duquel s'est défini le mode de penser dialectique.

Il n'est pas question de recenser des liens de filiation explicites et reconnus par l'intéressé. De tels liens ne paraissent pas avoir jamais été évoqués. Mais nous savons que l'ambiance d'une culture façonne tout autant les manières de penser que les lectures et rencontres avérées. Or c'est un fait que la culture allemande au XIXème siècle, bien plus que la culture française, a été marquée par l'événement de la dialectique, c'est-à-dire par un paradigme du savoir qui se construit sur le mode d'un dépassement du paradigme mécanicien.

La dialectique ne se résorbe pas dans la conviction du travail du négatif telle que Hegel l'a popularisée. Prise dans sa généralité abstraite, cette conviction choit bientôt dans les spéculations, au total assez vides, d'un O. Hamelin. C'est la possibilité de circonstancier la fécondité d'une négativité concrète, localisée et cadrée qui constitue ce nouveau paradigme et cette possibilité ne tombe pas du ciel, elle se définit au décours d'une série d'événements épistémologiques qui dialectisent justement le mode de raisonner mécanicien.

Ces événements sont connus. Je ne fais que les rappeler brièvement.

C'est d'abord le concept d'attraction qui couronne le long cheminement de l'astronomie planétaire. Il met à mal le géométrisme cartésien. L'attachement des scientifiques de l'époque à la mise à plat spatiale de toutes choses, mise à plat si satisfaisante pour l'esprit, leur fait minorer, à contre de Newton lui-même, ce qu'a d'obscur et de décisoire ce concept. Son éclatante opérativité amène la raison à penser sans barguigner à partir de lui à défaut de pouvoir le penser lui, et la voilà prise dans le mode de fonctionnement expérimental, dont le développement de l'électrodynamique assurera le triomphe.

Vient par là-dessus la thermodynamique. Son originalité ne consiste pas à manifester que l'on peut travailler rationnellement avec un concept, celui d'énergie, encore moins déterminé que celui de force dès lors qu'un principe de conservation quantitative préside au raisonnement - principe hélas si souvent perdu de vue par tous les zélateurs d'une énergie spirituelle ou vitale ou je ne sais quoi. L'apport épistémologique de la thermodynamique est de reconnaître que des contraintes pesant sur des échanges énergétiques sont susceptibles de produire des équivalents mécaniques de la chaleur. La raison, naguère interdite de finalité, se découvre alors en capacité de circonscrire des processus organisateurs dès lors qu'ils correspondent à des sauts qualitatifs limités et localisés. La biologie fera largement écho, quoique sur un mode simplement descriptif, à cette remise en honneur du discernement des processus organisateurs, s'agissant tant de la phylogenèse que de la dialectique de l'organe et de la fonction, en attendant que l'école de Prigogine accomplisse les noces de la biologie et de la thermodynamique.

Que les contraintes qui président aux sauts qualitatifs puissent être comprises comme surgissant de conflits, d'abord externes puis internalisés, surgit alors la catégorie de l'histoire, soit la perspective d'un fonctionnement au décours duquel se mettent en place des instances régulatrices et sur-régulatrices.

Circulation d'un quantum énergétique, contraintes externes, saut qualitatif, organisation, conflits, c'est-à-dire internalisation des contraintes au sein des organisations, émergence d'instances, pesée cumulative de celles-ci sur les processus organisateurs, histoire donc, ces catégories sont trop connues pour qu'il soit besoin de les décrire très avant. Soulignons seulement qu'il s'agit bien de catégories, c'est un mode de raisonnement qui s'institue à travers tout cela, une nouvelle approche applicable, moyennant de judicieuses spécifications, à divers compartiments du réel, potentiellement génératrice d'un éventail de disciplines de seconde génération en discontinuité certes avec la mécanique, en continuité cependant puisque la quantification y demeure présente, et retient la raison de se perdre dans des extravagances imaginaires, puisque la spatialisation y demeure active sous les espèces d'une localisation minutieuse des émergences.

Le mécanisme, via l'ontologie de l'étendue qu'il implique, interdisait qu'on puisse reconnaître aux faits psychiques un statut autre que celui d'épiphénomènes. Il excluait donc la possibilité même d'une psychologie. On le voit bien s'agissant de l'associationnisme. Une combinatoire de sensations ou d'images qui reste totalement inarticulée à la combinatoire de particules supposées constituer l'autosuffisance du corps n'a aucune portée heuristique concernant, ce qui est pourtant l'essentiel, à savoir le rapport de la psyché et de l'homéostase. La raison dialectique, elle, a de quoi penser des processus organisateurs distincts et travaillant en interface puisque les énergies distinctes dont ils procèdent ne fait pas que ce qu'il en est de l'un puisse faire contrainte sur ce qu'il en advient de l'autre et réciproquement.

Regardons le travail de Freud avec ces lunettes, bien des choses s'éclairent. Il pose une énergie spécifique, la libido, en interface avec l'homéostase mais non confondue avec elle, en nécessité de s'investir (principe de plaisir), mais ne pouvant le faire que de façon liée (principe de liaison), trouvant ses premiers objets sur le corps (principe de l'étayage), s'organisant à leur entour (principe de l'économie libidinale), se divisant tout autant à cette occasion (internalisation du conflit, refoulement), donnant naissance de la sorte à des instances dont le surgissement n'est pas pré-régulé (principe d'historicité). Le voilà par là même face à une réalité psychique en procès d'organisation, procès autonome quoiqu'étayé sur la réalité biologique. La question n'est pas de savoir si cette dialectique libidinale couvre le champ entier de ce que nous éprouvons comme notre vie psychique - une anthropologie générale, pas plus qu'une cosmologie générale, n'a pas sa place au sein de la rationalité - elle est de savoir si et comment cette dialectique est susceptible d'opérationaliser une empiricité antécédente, celle de l'hypnose, de la suggestion pédagogico-relationnelle dans leur rapport à l'hystérie et à la névrose.

Il faudrait reprendre point par point l'impact de ces catégories dialectiques sur la démarche freudienne. Je me bornerai à évoquer deux illustrations de ce qui peut être fait à cet égard.

La première concerne l'oralité et l'analité, ces deux moments majeurs de la psychogenèse selon Freud.

Que la libidinalisation du sein soit postérieure à la conduite adaptativo-cognitivo-motrice qui met l'enfant en situation de téter est un fait bien acquis, de même la contrainte externe qu'exerce sur le jeu libidinal l'écart existant entre la jouissance que procure cet investissement et les rythmes bio-sociologiques du nourrissage de l'enfant. Ce que l'on ne voit pas assez par contre c'est l'émergence de l'instance de la représentation qui résulte du travail de cette contrainte. Voilà cependant un fait dialectique s'il en est. A l'occasion d'un conflit, dûment localisé, l'investissement se déplace de la chose, la tétée, sur la cognition et en fait une représentation. Un quantum énergétique déterminé est au travail, sous la pression d'une négativité (l'absence de la mère), en un lieu précis (le sein) ; il donne naissance à un processus organisateur (la naissance de l'instance de la représentation), selon une événementialité singulière (les choses se passent différemment selon les diverses attitudes de la mère) et non sans qu'ait à être refoulée une partie des motions pulsionnelles nées de la diffraction de la libido sur les composantes du nourrissage.

Même structure dialectique s'agissant de l'analité. Une fonction biologique et son lieu investis par étayage du fait d'un conflit externe, l'exigence de propreté, surgissement d'une capacité de jouir dans le secret de ce qui ne peut plus être une source de plaisir avouée. Nous retrouvons bien un quantum énergétique, un lieu, une négativité, un processus organisateur marqué par la singularité de son histoire et une instance dont le rôle régulateur sur la suite est bien connu.

Seconde illustration - mais est-elle bien nécessaire ? - le “mythe scientifique” que déploie “Totem et tabou”. Il s'y agit d'une théorie essentiellement matérialiste de l'émergence de la culture. C'est la panique consécutive à l'impossibilité de remplacer le père archaïque et donc de faire perdurer la coalescence de la horde sur son fondement princeps, savoir l'identification imaginaire à celui-ci et la soumission aliénante par elle induite, qui force le passage, sans qu'on sache très bien comment, vers la fratrie, soit vers le jeu de l'échange, du langage, de la coopération, de l'histoire. Là aussi un conflit dûment circonstancié est en cause, autour duquel se peut discerner la mise en route d'un processus organisateur, à vrai dire un peu trop général quand on le prend à un niveau collectif, mais fort pertinent quand les fameuses marques héréditaires laissées par "le meurtre primitif" sont regardées dans les capacités mobilisatrices au sein de la psyché quand il s'agit de passer de la logique phallique et de la mégalomanie infantile à la relation objectale en intégrant la castration symbolique.

Sans doute Freud vit-il toutes ces infiltrations dialectiques qui sous-tendent sa démarche sans se les avouer clairement. Il est excusable. De son côté le Poincaré du théorème des trois corps n'a pas davantage vu à la même époque ce que son théorème impliquait de révolutionnaire quant à la façon de raisonner du physicien. Einstein lui-même, pourtant accusé itérativement par Freud d'anarchisme intellectuel, n'a cessé de vouloir unifier le champ de la physique par delà la coupure incontournable que la relativité y avait introduite.

L'épistémologie des modèles, soit la désontologisation du savoir au bénéfice de son opérativité, condition majeure de la mise en perspective du paradigme dialectique n'est venue qu'après.

Encore est-il qu'elle est venue et qu'elle ouvre une compréhension récurrente et régulatrice, sinon de tout le mouvement de la découverte freudienne, du moins de la position de la chose analytique dans l'univers de la rationalité.

Chapitre 3

Histoire et psychanalyse

(Sophie de Mijolla-Mellor)

Ces remarques ont trait à un propos plus large, qui ne se verra pas ici développé, concernant la spécificité et les rapprochements possibles entre la démarche de l'historien et celle du psychanalyste pour définir, cerner et tenter d'appréhender une “vérité historique”.

On retiendra deux axes pour situer cette interrogation : d'une part, l'écoute du psychanalyste et la collection des faits par l'historien, et d'autre part, l'interprétation psychanalytique et la critique historique. Parler de "l'Histoire” et de la “Psychanalyse” est une facilité pour la pensée mais de tels raccourcis ont l'inconvénient de colmater l'objet majeur de ces rapprochements. S'agit-il en effet de deux champs homogènes qu'il serait possible de comparer ? Un déplacement de la question s'impose au contraire, qui conduirait à réfléchir sur le discours épistémologique à partir d'une investigation psychanalytique centrée sur les conditions de production psychique de ce discours et sur la situation d'interlocution où il se trouve placé. Réciproquement, dans une perspective en interaction avec la précédente, l'interrogation sur la psychanalyse elle-même, comme méthode d'investigation issue d'une théorie de la cure et de la psyché, peut partir des *emprunts de modèles* que la psychanalyse fait à diverses régions de la rationalité, et notamment à l'Histoire, pour explorer l'usage et les limites de ces emprunts.

J'emprunterai à Paul Veyne et à son essai d'épistémologie : "Comment on écrit l'Histoire" (1971) quelques éléments de comparaison avec la méthode de l'analyste ou du moins avec les présupposés épistémologiques qui régissent celle-ci. Et tout d'abord cette idée "l'histoire est une pure curiosité pour le spécifique", formule provocante en ce que la curiosité est ici censée se limiter au spectacle de la variété. Comme il est dit plus loin, "l'histoire est une cité que l'on visite pour le seul plaisir de voir les affaires humaines dans leur diversité et leur naturel sans y chercher quelque autre intérêt ou quelque beauté" (p.24). On est là dans ce que l'on pourrait appeler le plus bas degré de l'Histoire, comparable à la remarque de Freud selon laquelle les histoires de cas se lisent "comme des romans". L'intérêt se porte ici sur l'imprévu de la vie, lequel a toujours partie liée avec l'éphémère puisque, pour être tel, il lui faut échapper à la répétition.

Or, quelle est, selon Veyne, la fonction de la répétition dans l'Histoire ? On peut dire à la fois qu'elle est nulle, car elle est extérieure à l'Histoire proprement dite, et fondamentale car elle est ce sur quoi peut s'étayer la constitution de l'Histoire. Celle-ci, en effet, se fonde sur la différence qui crée l'événement. Est événement ce qui ne va pas de soi, c'est-à-dire ce qui n'est pas prévisible en fonction d'un ensemble de lois. Je cite Veyne : "Si on prend le fait pour événement, c'est qu'on le juge intéressant en lui-même ; si on s'intéresse à son caractère répétable, il n'est plus qu'un prétexte à découvrir une loi". Cet "intérêt du fait en lui-même" ne saurait se concevoir en fonction de la nature même du fait. L' "événement", qu'on assimilerait en psychanalyse au "traumatisme", peut bien se définir en fonction de considérations de type quantitatif ou en écart par rapport à la répétition. Il n'en est pas de même pour le fait historique. Ce dernier se conçoit par rapport à une base de répétition qui échapperait à l'Histoire et qui correspondrait à une sorte de fonds commun des peuples entre eux et par rapport à l'observateur historien, ainsi que l'exprime par exemple Hérodote lorsqu'il note que "...sur ce point, l'opinion de ce peuple est à peu près semblable à la nôtre...". Il n'y aurait pas là matière à Histoire et c'est ce que Veyne montre bien dans la comparaison qu'il propose avec la grammaire : "Il n'existe pas d'événements en soi mais par rapport à une conception de l'Homme éternel. Un livre d'Histoire ressemble un peu à une grammaire ; la grammaire pratique d'une langue étrangère ne recense pas "tabula rasa" toutes les règles de la langue mais seulement celles qui sont différentes de celles du lecteur" (p.13).

Mais les faits historiques s'entendent aussi par rapport à leur situation dans le temps. Ces considérations visant à établir l'événement par opposition au répétable perdent leur pertinence lorsqu'on considère que pour Veyne tout fait, par son inscription dans un temps éphémère, prend valeur d'*hapax*. "Cela signifie simplement, écrit-il, que l'âme de l'historien est celle d'un lecteur de faits divers ; ceux-ci sont toujours les mêmes et sont toujours intéressants parce que le chien qui est écrasé en ce jour est un autre que celui qui a été écrasé la veille et plus généralement parce qu'aujourd'hui n'est pas la veille". (op. cit. p.20) On aurait tort de croire que l'attention se porte vers la singularité du chien. A l'inverse, ce quadrupède n'a d'intérêt que parce que l'événement malheureux qui le concerne prend place dans un temps défini.

Vues sous cet angle, la position de l'historien et celle du psychanalyste par rapport à la répétition sont sans relation, même si la formule de l'intérêt pour le singulier fait écho dans les deux cas. Pour le psychanalyste l'événement n'est pas l'imprévu qui se définirait en opposition à un fond de répétition mais au contraire ce qui va faire trace et constituer un appel à la répétition. Si le "fait divers" ou son équivalent dans le discours du patient mérite de retenir l'écoute de l'analyste, c'est en raison de la possibilité qu'il offre à l'interprète de débusquer l'identique derrière le pittoresque d'une situation qui n'est que formellement singulière. A cet égard, le psychanalyste ne peut se situer ni du côté de l'historien, tel que le définit Veyne, ni de celui du physicien auquel il l'oppose. "La véritable différence ne passe pas entre les faits historiques et les faits physiques mais entre l'historiographie et la science physique. La physique est un corps de lois et l'histoire est un corps de faits" (Veyne, p. 21). Pour le psychanalyste les faits n'existent que comme des indices permettant de reconstituer non pas les lois mais des séquences ayant valeur causale par rapport aux faits. Ces séquences ne sont pas abstraites comme des lois et ne peuvent s'exprimer que sous forme de faits exemplaires, qui en font des équivalents de mythes.

Toutefois, là ou le psychanalyste et l'historien se rejoignent, c'est dans la nécessité de transcender le contenu des faits sans passer par la généralisation. Pour l'historien, c'est la temporalité elle-même qui en constitue le moyen (tel fait est intéressant en fonction du temps où il se situe) ; pour le psychanalyste c'est la possibilité d'établir entre le passé et le présent un lien permettant de reconstituer une image du premier afin d'interpréter le second en des termes qui permettent au sujet de l'investir comme propre. La temporalité n'est objet pour le psychanalyste que dans la mesure où elle éclaire un questionnement qui concerne l'identité, c'est-à-dire ce qui perdure à travers les avatars.

Ces positions fondamentalement différentes de l'historien et du psychanalyste vis-à-vis de la répétition se retrouvent vis-à-vis de la place que tient la narration pour l'un et l'autre. Pour l'historien, la narration est un acte constitutif de son objet. L'histoire est un récit d'événements, saisis partiellement et indirectement à travers des traces qui peuvent être elles-mêmes des récits (témoignages). Mais ces récits que sont les témoignages ne sont pas en eux-mêmes historiques, ils sont des documents, moins fidèles qu'un enregistrement sonore ou visuel mais du même ordre. Il y a histoire à partir du moment où l'historien constitue, à partir de ces documents, la narration obéissant à un certain nombre de règles (établissement des faits) et poursuivant certains buts : constitution d'un sens intelligible et, au-delà, d'une vérité. Pour le psychanalyste, lorsqu'il est en situation d'analyse et non d'écrivain rendant compte d'une cure ou de théoricien élaborant sur la psyché en général, la narration est au contraire ce qu'il lui faut déconstruire pour permettre qu'apparaisse ponctuellement son objet. La narration est le fait du patient, et de l'analyse se produit aux dépens de cette trame dans un rapprochement inattendu, incongru.

L'événement, consigné dans un document, constitue pour l'historien un repère, communicable, vérifiable, éventuellement critiquable, comme je le montrerai dans un instant. Un ensemble d'événements juxtaposés dans une trame chronologique constitue un quadrillage à l'intérieur duquel la narration, toujours subjective, de l'historien peut prendre place. L'introduction d'un document "brut" ne rompt pas les conditions narratives, elle les caractérise dans un style donné : l'interprétation n'est pas explicite, elle est seulement suggérée par l'auteur en fonction de la disposition qu'il propose des éléments eux-mêmes supposés objectifs. Toutefois l'historien moderne ne considère pas l'événement comme un donné primaire mais comme l'aboutissement d'une construction. Réciproquement, sa tâche ne se limite par à l'archivation du passé, aussi fidèle qu'elle puisse tenter d'être, mais à sa communication. De la réalité diffuse et des événements qui resteraient muets sans ce travail, l'historien dégage une expérience historique qui la rend transmissible, c'est-à-dire compréhensible pour un moderne. Ce travail c'est la fiction narrative construite par l'historiographie qui est un travail non de retranscription mais de traduction destinée à rendre intelligibles les faits, incapables de parler d'eux-mêmes.

Là encore, l'analogie avec le travail du psychanalyste est tentante. Elle ne doit pas faire oublier cependant une différence fondamentale. L'historien travaille aussi dans le longitudinal qui va du passé au présent et vice-versa et toutes les figures sont imaginables sur cet axe. Le psychanalyste, depuis son fauteuil, travaille aussi à partir de l'axe longitudinal offert par le patient dans sa narration auto-historique ou actuelle, en introduisant des effets de rupture selon un axe transversal qui témoigne précisément de la possibilité de faire jouer l'interprétation à partir de l'inconscient. A ce niveau-là pas de narration possible, car passé et présent entrent en collision dans l'instantané de l'interprétation transférentielle. De cet instantané qui est le propre de l'effet-analyse, patient et analyste retirent quelque chose qu'ils vont réinsérer dans une trame narrative longitudinale : celle du récit sur soi-même du patient, celle de l'écriture clinique ou de l'activité théorisante pour l'analyste. Mais aussi peu naïf que l'historien se veuille concernant la narration historique, dont il récusera la possibilité de reconstituer un déroulement complet ou d'offrir une explication génétique par le commencement ou encore de donner une image objective du passé, néanmoins il est difficilement imaginable qu'il puisse y transposer un fonctionnement dans l'instant, transposer l'instant analogue à celui des effets-analyses tels que je les ai évoqués et ceci me semble l'un des aspects par où la spécificité épistémologique de ces méthodes apparaît.

On peut aborder la question de l'interprétation psychanalytique et de la critique historique en procédant en deux temps :

- d'une part, un rapprochement entre la méthode critique telle que l'expose par exemple Marc Bloch dans *Apologie pour l'Histoire* et le fonctionnement de l'interprétation dans la cure ;

- d'autre part, la tentative de Freud pour appliquer dans l'historiographie l'interprétation analytique et les hypothèses qu'il forme à cet égard vis-à-vis de la relation entre interprétation et vérité.

La question du vrai et du faux, différente de celle de la Vérité comme idéal, ne se pose pas dans la cure par rapport au discours du patient mais vis-à-vis de l'interprétation, formulée ou non, de l'analyste. Le mensonge de l'analysant à l'analyste fonctionnerait en effet comme celui du Malin Génie vis-à-vis du sujet cartésien : qu'il le trompe autant qu'il le veut, il le fait dès lors exister en tant qu'analyste, sujet supposé savoir et qu'il est donc tentant d'abuser. Le mensonge comme le reste fait partie de la réponse transférentielle à l'offre que constitue la situation d'analyse elle-même.

Ce n'est donc pas d'une vérité en termes d'authenticité, absence de détour, ατρεκεια, qu'il s'agit, mais de celle qui procéderait de l'absence d'oubli, l'αληθεια si une telle chose était possible. En revanche, l'oubli lui-même procède d'une ancienne falsification par destruction des éléments compromettants ou emprunt d'éléments étrangers devenus impossibles à distinguer comme tels. La vérité de l'interprétation, au sens cette fois-ci de la pertinence ou de l'exactitude, consistera à établir, sinon les choses telles qu'elles furent véritablement, du moins une version partielle à leur sujet qui permette la reconstitution d'une cohérence pour le sujet entre ses affects et ses pensées.

C'est là que surgit la question de la vérité "historique". Je laisserai de côté l'inépuisable interrogation sur le fait qu'elle soit à exhumer ou à reconstruire, voire à construire. Ce n'est pas du côté des moyens pour l'obtenir mais sur les circonstances de sa disparition que je comparerai très brièvement les hypothèses de Marc Bloch avec celles de Freud, telles qu'il les expose essentiellement dans "Un souvenir d'enfance de Léonard de Vinci" et dans "L'homme Moïse".

On connaît cet aphorisme fameux de Freud : "Il en va de la déformation d'un texte comme d'un meurtre. Le plus difficile n'est pas d'exécuter l'acte mais d'en éliminer les traces". (*L'homme Moïse et le Monothéisme*, p. 115). La question du faux est centrale pour l'éthique de l'Historien. Le faux doit toujours être présumé possible, d'où la nécessité où se trouve l'historien de ne produire aucune affirmation qui ne puisse être vérifiée, aucun document dont il ne signale la provenance, c'est-à-dire les moyens de le retrouver. Le faux concerne ici non l'interprétation historique (laquelle est toujours subjective) mais les documents et témoignages. Il peut ou non résulter d'une tromperie : soit qu'il s'agisse d'un faux au sens juridique du terme : tromperie sur la signature, la date ou la copie elle-même, soit qu'il s'agisse d'une déformation ou d'une omission. Celle-ci peut ne pas avoir été effectuée après coup mais dès le moment de la production. Bloch énumère les raisons pouvant conduire à la constitution d'un faux : elles vont de l'intérêt politique ou privé, par exemple le cas de Thiers recommandant au Préfet du Bas-Rhin en 1834 de se munir de documents destinés à apporter la preuve d'un vaste complot anarchiste, à la mythomanie individuelle (voir la compulsion au faux du chevalier d'industrie) ou collective (voir l'hagiographie). De même, Freud écrit, à propos du passé “préhistorique”, c'est-à-dire de la période qui précède le moment où un peuple se retourne sur lui-même pour se soucier de ses origines et de son histoire : “Il était inévitable que cette préhistoire fût plutôt l'expression des opinions et des aspirations du présent que l'image fidèle du passé. Car la mémoire des peuples avait laissé tomber bien des choses dans l'oubli et en avait déformé d'autres ; plus d'une trace s'interprétait faussement dans l'esprit du présent ; de plus, l'histoire ne s'écrivait pas sous l'influence de la curiosité objective mais afin d'agir sur les contemporains, de les piquer d'émulation, de les exalter, de leur présenter un miroir” (*Un souvenir d'enfance de Léonard de Vinci*, p. 51). Deux autres raisons énumérées par Bloch au sujet de la constitution des faux sont d'une part l'erreur liée au fait que nombre d'événements historiques n'ont pu être observés que dans des moments de violent trouble émotif ou par des témoins surpris dont l'attention est sollicitée trop tard, et d'autre part le préjugé. Lorsque l'erreur rencontre le préjugé et au lieu d'être critiquée se voit diffusée, c'est la rumeur.

Les considérations ouvertes ici par Bloch montrent la possibilité pour la psychanalyse de s'insérer dans la critique historique. Critiquer un témoignage c'est en effet, si on suit Bloch, travailler sur des réalités psychiques et non seulement sur un objet matériel dont il faudrait prouver l'authenticité. La méthode purement historienne de la critique est fondée sur la comparaison : "on ne rétablit jamais une date, écrit-il, on ne contrôle et en somme on n'interprète jamais un document que par insertion dans une série chronologique ou un ensemble synchrone" (op. cit. p.97). Mais le but de cette méthode n'est pas seulement de déceler l'erreur mais d'en comprendre les causes, afin de mieux la détecter éventuellement ailleurs. Il écrit :

> "Nous sommes désormais capables à la fois de déceler et d'expliquer les imperfections du témoignage. Nous avons acquis le droit de ne pas le croire toujours parce que nous savons mieux que par le passé quand et pourquoi il ne doit pas être cru."

La compréhension des causes de l'erreur comme résistance à la vérité telle que Freud l'établit dans 'L'homme Moïse" est en corrélation directe avec une telle perspective. Je me contenterai d'énumérer les quatre facteurs principaux que dénombre Freud dans cette résistance :

- résistance à la nouveauté d'une idée

- résistance à la complexité d'une idée

- capacité d'inventer des relations qui n'ont aucun fondement dans la réalité

- possibilité de falsifier un texte puisqu'il y a toujours la marge d'incertitude de l'interprétation et donc la possibilité de glisser une idée anachronique.

Mais surtout Freud va au-delà de l'explication des causes philosophiques de la production du faux, il propose une clé pour retrouver le vrai !

Si nous revenons sur l'aphorisme d'où nous sommes partis concernant la dissimulation des cadavres, il faut bien voir qu'en histoire le problème est d'autant plus compliqué qu'il n'y a pas de cadavres mais un vivant maquillé sous une autre identité. La clé pour démasquer le vrai sous le faux est là encore le symptôme et en l'occurrence les contradictions dans le document qui résultent de l'action conjointe de la falsification et de la piété loyale qui ne touche à rien et reproduit sans comprendre. Car l'idéal de l'historien n'est pas l'éradication du faux. Ce dernier, comme le symptôme pour le psychanalyste, est au contraire précieux pour sa valeur heuristique, et c'est là où ces deux démarches se rencontrent dans une perspective bien définie en ces termes :

> "Prouver sans plus que le célèbre diplôme de Charlemagne pour l'église d'Aix-la-Chapelle n'est pas authentique, c'est s'épargner une erreur, ce n'est pas acquérir une connaissance. Réussissons-nous au contraire à déterminer que le faux fut composé dans l'entourage de Frédéric Barberousse ? Qu'il eut pour raison d'être de servir les grands rêves impériaux ? Une vue nouvelle s'ouvre sur de vastes perspectives historiques. Voilà donc la critique amenée à chercher derrière l'imposture l'imposteur, c'est-à-dire conformément à la devise même de l'Histoire : l'Homme". (M. Bloch op. cit. p.85)

Chapitre 4

La psychanalyse comme connaissance du sens de l'histoire propre

(Natalia Avtonomova)

Je ne suis pas psychanalyste mais j'aimerais partager avec des psychanalystes certaines de mes réflexions théoriques sur la psychanalyse, et avoir leurs commentaires. Dans les quelques réflexions ici présentées, j'aborde la question de la spécificité de la psychanalyse par la problématique historique, en me demandant s'il est possible de reconstruire et de connaître ce que j'appelle" l'histoire propre". Je m'efforcerai, premièrement, de présenter la construction de l'histoire propre" comme les croisements de diverses histoires ; deuxièmement, d'examiner certaines approches psychanalytiques du problème du sens de l'histoire propre ; et, troisièmement, d'indiquer une approche particulière de ce problème sur la base d'un nouveau tableau épistémologique de l'inconscient.

1. Ce que j'appelle "histoire propre" dans le cadre de la psychanalyse n'est pas quelque chose de donné naturellement ou, même, manifesté phénoménalement. L'histoire propre est le croisement de diverses histoires. Les plus importantes d'entre elles sont au nombre de deux : l'histoire du sujet, c'est-à-dire comment elle a été vécue par

lui et a amené l'apparition d'un traumatisme, de tels ou tels symptômes ; et l'histoire du cursus psychanalytique lui-même, l'espace-temps particulier ou "chronotope" particulier (terme de M. Bakhtin). La première histoire peut être appelée histoire "réelle" à événements "irréels" (bien sûr ces appellations elles-mêmes sont pure convention) : les événements de cette histoire ne sont pas réels dans le sens où ne sont pas réels, par exemple, les événements que racontaient à Freud ses patientes, soi-disant séduites par leur père. Ce qui conduit au traumatisme - en règle générale - ce n'est pas l'événement qui s'est produit "en réalité", mais ce qui a fait le contenu fantasmatique des émotions du sujet.

La deuxième histoire, l'histoire du cursus psychanalytique ou histoire vécue dans le traitement, se construit comme inversion ou "chiasme" par rapport à la première. C'est, conventionnellement parlant, une "histoire irréelle" dont les événements sont "réels". Cette histoire est "irréelle", du fait qu'elle est artificielle, inventée et construite spécialement dans l'espace-temps particulier de la psychanalyse, où de très longues périodes d'histoire "réelle" peuvent être revécues en quelques minutes et où, inversement, des événements "insignifiants" de la vie réelle peuvent demander un travail prolongé, qui peut même prendre de nombreuses années. Pourtant les événements de cette histoire sont "réels", puisqu'ils sont liés à la réalité du vécu et du transfert émotionnels, aux émotions et aux affects de l'amour transférentiel, ressenti par le patient comme son histoire propre particulière.

Lors du processus qui permet au patient de parvenir à son histoire propre, la tresse de ces histoires semble se défaire : leur interaction intense selon le type du chiasme disparaît peu à peu et cède la place à une autre figure topologique - les lignes parallèles. En effet, la première histoire devient une histoire réelle à événements réels (le patient ne croit déjà plus à ses fantasmes : derrière ses fantasmes, il voit les contours d'événements ayant réellement eu lieu). La deuxième histoire devient une histoire irréelle à événements irréels (à la fin du traitement, la "magie" du transfert s'estompe et le patient commence à comprendre que ses sentiments, dirigés sur le médecin, concernaient en réalité une autre personne).

Bien sûr, ma description a ses faiblesses et ses limites, surtout parce que, au fond, il existe en interaction dans l'histoire propre beaucoup plus d'histoires diverses. Pourtant, je voudrais, de manière simple et claire, présenter ne serait-ce qu'un fragment de ces croisements compliqués d'histoires, dont le patient prend possession, lorsqu'il rejoint son histoire propre, que la maladie lui avait rendue étrangère.

2. Comment l'interprétation psychanalytique de ce processus se construit-elle ? Il apparaît que Freud a placé au premier plan les facteurs d'ordre intellectuel (souvenir et conscience des choses), comprenant indiscutablement mais diminuant néanmoins quelque peu l'importance des autres facteurs dans le traitement (facteurs antéverbaux, émotionnels, liés à la suggestion, etc....). Lacan poursuit et même accentue la ligne de Freud, soulignant surtout l'importance des facteurs antéverbaux, c'est-à-dire, dans un certain sens, des facteurs "intellectuels" dans le traitement et excluant totalement, à la différence de Freud, la possibilité d'une exploration par hypnose ou d'une application de la suggestion. Pourtant cette dernière décennie, de plus en plus de voix s'élèvent pour dire combien ce paradigme d'interprétation de la pratique psychanalytique est limité. Les recherches d'une série d'auteurs français (F. Roustan, O. Mannoni, J. Mandel, L. Chertok, I. Stengers, S. Viderman, M. Borch-Jakobsen, etc.) nous amènent à penser que la sous-estimation par Freud et, plus tard, Lacan de ce que l'on peut appeler les facteurs prélangagiers, affectifs-émotionnels dans le traitement a eu des conséquences tant sur la façon de conduire la séance psychanalytique que sur la manière

d'appréhender le fonctionnement de l'institution psychanalytique comme type particulier de communauté, de traiter une situation historico-scientifique où la surestimation de la "rupture épistémologique" entre la psychanalyse freudienne et les praticiens psychothérapeutes de type hypno-suggestif qui avait précédé celle-ci était devenue habituelle.

En tout cas, toute une série de problèmes (fin du traitement, interprétation de la conduite du patient lors de l'analyse - sens et modes d'interprétation des "oui" et "non" du patient lors de la comparaison des constructions de l'analyste et des convictions du patient, etc.) attestent qu'une étude du processus psychanalytique au plan de la conscience pure laisse échapper chez celui-ci quelque chose de très important. Cependant, que faire, si nous avons découvert ou retrouvé ce complément important (facteurs émotionnels, affectifs, suggestifs, etc.) ? Peut-il tout simplement compléter la construction intellectuelle (souvenir et conscience) ? Sur quel plan général ces éléments de diverse nature peuvent-ils être en interaction ? Ce qui peut être mémorisé et amené à la conscience, transmis sous une forme langagière, et ce qui reste inexprimable, bien qu'effectif du point de vue affectivo-dynamique ?

3. Toutes ces questions obligent à se tourner de nouveau vers la notion la plus fondamentale de la psychanalyse, indispensable lorsqu'on cherche à comprendre la pratique et la connaissance psychanalytiques, la notion d'inconscient. Il me semble que beaucoup de discussions et d'embarras actuels trouvent une voie féconde, quand ce ne sont pas des solutions, ou tout au moins des amorces de solution, si l'on prête attention au fait que l'inconscient n'est pas dans son principe et qualitativement d'une seule nature. Bien sûr, ce n'est pour l'instant qu'une hypothèse, mais il apparaît néanmoins que de nombreux faits témoignent de manière

convaincante de l'utilité de cette hétérogénéité, bien que pour l'instant ils ne soient pas encore pris en compte ou insuffisamment, tant par les praticiens que par les théoriciens de la psychanalyse. Au fond, "inconscient" est un terme qui désigne des phénomènes de nature absolument différente. Dans ce qu'aujourd'hui on appelle l'inconscient existent différents niveaux et couches, parmi lesquels trois au moins se détachent nettement. On doit prendre en compte tous ces niveaux, lorsqu'on se demande comment parvenir à l'histoire propre. Le premier niveau ou la première couche est l'inconscient "archaïque", l'ensemble des instincts "animaux". Autant sa plus longue enfance distingue l'homme des autres êtres vivants sur la terre, et en conséquence, son impuissance et sa dépendance vis-à-vis d'autrui et vis-à-vis des circonstances, autant dans son inconscient, "s'enregistrent" dès le début des mécanismes de soumission et d'assujettissement, de possibilité d'utiliser sur lui l'hypnose et la suggestion, qui ne disparaissent pas tout à fait au cours du développement individuel et du dépassement de la situation même d'enfant et de tout petit enfant.

Le deuxième niveau est l'inconscient "psycho-familial", très lié à l'assimilation des rôles familiaux et sexuels, à la communication dans la famille et le groupe. A ce niveau de l'inconscient, les systèmes de communication signifiants - langue et autres - jouent un grand rôle : lorsqu'on les utilise leur forme reste non consciente. Selon toute apparence c'est précisément à ce niveau que l'on peut trouver une solution à l'énigme qu'est la formule de Lacan "l'inconscient structuré comme une langue" ; pour les autres niveaux de l'inconscient cette formule s'avère non-effective.

Le troisième niveau de l'inconscient - inconscient collectif, social au sens de Jung ou de Marx - ce sont les principes sociaux non conscientisés des groupes, classes, peuples et autres communautés sociales, archétypes non-conscientisés de l'expérience historique, liée à la spécificité nationale de la vie de l'homme.

L'appropriation et la récupération du sens de l'histoire propre par l'individu mettent en action tous ces différents niveaux, strates et couches de l'inconscient. Pas un de ces niveaux n'existe et ne fonctionne à l'état pur - on ne peut que les décrire isolément. Dans le fonctionnement du psychique concret réel, tous ces niveaux sont étroitement mêlés : en l'homme, en tant qu'être social existent aussi sous une forme “allégée” les dépendances archaïques antéverbales de l'enfance prélangagière et les conflits psycho-familiaux du stade oedipien. Ainsi, apparemment, on peut dire que l'histoire propre" n'est pas seulement constituée par "les enchevêtrements d'histoires diverses, mais aussi par l'interaction des divers types (ou niveaux) de l'inconscient. Bien sûr, cette hypothèse a besoin de futurs éclaircissements. Cependant, dès maintenant, de nombreux faits, me semble-t-il, nous disent que les émotions archaïques du niveau antéverbal, le vécu réitératif du stade oedipien “psychofamilial” (c'est lui, on le sait, qui transforme le premier vécu en traumatisme), ainsi que tout l'ensemble des formes de manifestations de l'inconscient qui sont liées à des principes collectifs plus généraux du psychisme humain - toutes ces formes de l'inconscient historique ou de l'histoire inconsciente, par leur interaction, définissent le profil concret de l'histoire propre individuelle et la possibilité de l'atteindre.

Conclusion

Michèle Bertrand

Dans un récent écrit (1), le philosophe Youri Mouraviov brosse un tableau quelque peu désenchanté de son pays et de toutes les faillites auxquelles il est confronté. L'effondrement des idéaux et des espérances aura-t-il pour effet d'impulser une lucide autocritique, ou au contraire verra-t-on de nouvelles illusions remplacer les illusions déchues ? Tout est possible. Certes, écrit-il, on peut repousser l'analogie entre la société et l'individu. "Mais on peut aussi explorer avec rigueur la valeur de la comparaison. Chez l'individu, le sommeil de la raison peut réveiller des monstres. Dans cette société aussi. Mais à la différence de ce qui se passe pour la plupart des gens, le monstre ne disparaît pas avec le réveil de la raison. Et la plus grande difficulté de cette société malade est alors de reconnaître que, précisément, elle est malade. Même si la croyance n'a plus lieu d'être, on croit. Le pays plonge dans un torrent trouble où se mêlent la religion, l'hérésie et les formes païennes de mysticisme. Et pendant ce temps-là, les forces dominantes, après avoir renié et maudit le marxisme, sont à la recherche d'une nouvelle idéologie et de la personnalité qui l'incarnera".

Dans ces conditions, le recours à la psychanalyse devient ambigu. Deviendra-t-elle une ascèse de lucidité ou un idéal de remplacement ? Elle peut être convoquée à toutes les places. N. Avtonomova a montré les risques d'une psychanalyse érigée en panacée des maux sociaux ou instituée en mystique ésotérico-existentielle.

---

(1) Z. Domic, B. Doray . Moscou entre temps, Syros, 1992.

Paradoxalement, ce qui la porte aux nues aujourd'hui, c'est la faillite de la raison - plus exactement d'une figure rigide et statufiée de la raison (Raison Historique ou Raison d'État) qui ne faisait que masquer des croyances beaucoup plus obscures et suspectes.

Un autre paradoxe est que chez nous la psychanalyse est l'objet des plus violentes critiques, tandis qu'en Russie elle suscite les espoirs les plus déraisonnables. Que pouvons-nous, dans cette étrange conjoncture, nous apporter mutuellement ? Je pense en premier lieu que ces échanges ont manifesté deux types d'intérêt. Le premier concerne le rapport aux croyances, celles qui structurent le champ du politique notamment. Comme ascèse de désillusion, la psychanalyse a quelque chose à dire des idéaux sociaux, de leur effondrement et du vide qui en résulte. Destituer les illusions ne signifie pas qu'on puisse vivre sans illusion. Cesser d'espérer et de croire serait cesser de désirer et de vivre. La connaissance de l'illusion ne la supprime pas, mais elle en limite la puissance mystificatrice.

Un deuxième point concerne l'exercice du savoir. Savoir psychanalytique certes, mais plus encore le rapport que nous entretenons au savoir. C'est dire que l'intérêt "épistémologique" pour la psychanalyse va au-delà d'une méthodologie ou d'une recherche des axiomes. Il appelle le prolongement de la réflexion sur la connaissance de la culture et de son malaise.

TABLE DES MATIERES

Achevé d'imprimer en octobre 1992
sur les presses de l'imprimerie Laballery
58500 Clamecy
N° d'impression : 209047
Dépôt légal : octobre 1992